राष्ट्र, समाज
एवं
छात्र

राष्ट्र, समाज एवं छात्र

राज कुमार भाटिया

प्रकाशक

प्रभात पेपरबैक्स

प्रभात प्रकाशन प्रा. लि. का उपक्रम

4/19 आसफ अली रोड, नई दिल्ली-110002

फोन : 23289777 • हेल्पलाइन नं. : 7827007777

इ-मेल : prabhatbooks@gmail.com ❖ वेब ठिकाना : www.prabhatbooks.com

संस्करण

प्रथम, 2022

मूल्य

दो सौ पचास रुपए

मुद्रक

आर-टेक ऑफसेट प्रिंटर्स, दिल्ली

———— ★ ————

RASHTRA, SAMAJ EVAM CHHATRA
by Shri Raj Kumar Bhatia

Published by **PRABHAT PAPERBACKS**
An imprint of Prabhat Prakashan Pvt. Ltd.
4/19 Asaf Ali Road, New Delhi-110002

ISBN 978-93-5521-298-6

₹ 250.00

मुझे राष्ट्रीय स्वयंसेवक संघ
का 'स्वयंसेवक' बनानेवाले,
सार्वजनिक जीवन के मेरे द्वितीय गुरु एवं
संघ के वरिष्ठ प्रचारक
श्री सोहनसिंहजी

को समर्पित

प्रस्तावना

मैं बचपन में ही राष्ट्रीय स्वयंसेवक संघ का स्वयंसेवक बना और उसी कारण सामाजिक व राष्ट्रीय मुद्दों पर विचार प्रगटीकरण मेरी निजी कार्यशैली में जुड़ गया। 20 वर्ष की आयु से अखिल भारतीय विद्यार्थी परिषद् (अभाविप) के प्रमुख पदाधिकारी के नाते अनेक प्रकार का लेखन मेरी जिम्मेदारी बन गया। 'पाञ्चजन्य' साप्ताहिक ने मुझे विविध प्रकार की अभिव्यक्ति के सुलभ अवसर प्रदान किए। स्वयंसेवक के नाते संघ के वैचारिक विषयों तथा अभाविप पदाधिकारी के नाते शिक्षा और छात्र-जगत् के मुद्दों पर लिखना मेरे लिए सहज बनता गया। छात्र-जगत् से संबंधित मेरा एक लेख 'विश्वविद्यालय के चुनाव, राजनीतिक दलों की भूमिका' हिंदुस्तान टाइम्स समूह के दिल्ली से प्रकाशित साप्ताहिक 'हिंदुस्तान' में वर्ष 1986 में छपा था, जिसके लिए मैं उसके तत्कालीन संपादक स्व. राजेंद्र अवस्थी एवं उनके सुपुत्र श्री शिवशंकर अवस्थी, जो मेरे मित्र भी हैं, का आभारी रहूँगा।

एक विषय मेरे लिए अधिक महत्त्वपूर्ण बना और वह था सामाजिकता, सामाजिक संगठन और सामाजिक कार्यकर्ता। उसी विषय पर 'पाञ्चजन्य' में 5 लेखों की एक श्रृंखला और नए दृष्टिकोण से एक लेख 'अटूट दांपत्य से अटूट समाज तक' लिखे। गत वर्ष सामाजिक कार्यकर्ता संबंधित एक पहल को उजागर करने का विचार मेरे मन में आया तो सुरुचि प्रकाशन द्वारा प्रकाशित एक पुस्तक 'संगठन कौशल' का संपादन किया।

हिंदी में लिखित अपनी जमा पूँजी, जो इस पुस्तक में प्रस्तुत है, के एक साथ प्रकाशन का मोह जब पैदा हुआ तो प्रभात प्रकाशन ने वह इच्छा भी पूरी कर दी। मैं उनका आभारी रहूँगा।

—राज कुमार भाटिया

अनुक्रम

व्यक्तित्व

महात्मा गांधी बनाम डॉ. हेडगेवार

किसी भी देश, राष्ट्र अथवा समाज की प्रगति उसके आम नागरिकों एवं महापुरुषों के व्यवहार एवं प्रयत्नों से निर्धारित होती है। आम नागरिक की समझ-बूझ व सामाजिक जीवन में उसके सहभाग से एक सामाजिक स्तर तय होता है। महापुरुष इस स्तर को ऊँचा उठाने का प्रयत्न करते हैं। एक समय में एक ही महापुरुष सक्रिय हो, ऐसा भी नहीं होता। अनेक महापुरुषों के विविध प्रयासों से सामाजिक जीवन में परिवर्तन होते रहते हैं। भारत में भी अनेकों महापुरुषों ने अनेक प्रकार से इस देश की राष्ट्रीय, सामाजिक, राजनीतिक, आध्यात्मिक, सांस्कृतिक, शैक्षणिक एवं आर्थिक उन्नति में अपनी भूमिका निभाई। केवल 20वीं शताब्दी को ही देखें तो योगी अरविंद, बालगंगाधर तिलक, लाला लाजपतराय, महात्मा गांधी, डॉ. हेडगेवार, सुभाषचंद्र बोस, वीर सावरकर, डॉ. भीमराव आंबेडकर, रवींद्रनाथ टैगोर, सुब्रह्मण्यम भारती, विनोबा भावे, माधव सदाशिव गोलवलकर, जवाहरलाल नेहरू, डॉ. राजेंद्र प्रसाद, डॉ. राधाकृष्णन, जयप्रकाश नारायण जैसे अनेक महापुरुष इस देश में हुए, जिन्होंने इस देश के उत्थान में अपनी महती भूमिका निभाई।

यूँ तो हर महापुरुष श्रेष्ठ होता है और उसका राष्ट्रीय अथवा सामाजिक जीवन में महत्त्वपूर्ण स्थान होता है, फिर भी कुछ महापुरुष ऐसे होते हैं, जो सामाजिक, राजनीतिक अथवा राष्ट्रीय जीवन में व्यापक प्रभाव पैदा करते हैं तथा इतिहास में उनकी निर्णायक भूमिका स्थापित हो जाती है। वे देश व समाज को एक निश्चित दिशा में ले जाने में सफल होते हैं तथा उनके

आदर्शों व बताए हुए मार्ग को हजारों-लाखों लोग अपनाते हैं। वे एक ज्योति पुंज बनकर असंख्य लोगों का मार्गदर्शन करते हैं। 20वीं शताब्दी के भारत में ऐसी निर्णायक भूमिका निभानेवाले दो महापुरुष हुए- महात्मा गांधी व डॉ. हेडगेवार। जहाँ महात्मा गांधी ने देश के स्वाधीनता आंदोलन का संचालन किया और अंग्रेजी शासन के विरुद्ध निर्णायक लड़ाई लड़ी, वहीं डॉ. हेडगेवार ने देश और समाज के प्रति समर्पित राष्ट्रभक्तों का एक अद्वितीय संगठन निर्माण किया। स्वाधीनता प्राप्ति के संदर्भ में जैसे महात्मा गांधी की भूमिका असरदार एवं जन-जन को प्रभावित करनेवाली रही, वैसे ही इस देश की सांस्कृतिक धरोहर को सुरक्षित रखते हुए राष्ट्रीय पुनर्निर्माण के लिए कटिबद्ध कार्यकर्ताओं की देशव्यापी मालिका तैयार करने में डॉ. हेडगेवार ने सफलता प्राप्त की।

यद्यपि महात्मा गांधी का नाम इस देश में जितना विख्यात है, डॉ. हेडगेवार का नाम उतना ही अज्ञात है। परंतु जैसे किसी महापुरुष की सफलता उसके नाम की ख्याति से नापना गलत होगा, वैसे ही किसी महापुरुष का नाम बहुचर्चित न होने से उसकी महानता और सफलता को कम आँकना गलत होगा। भवन की पूर्णता में जितना महत्त्व चोटी का होता है, उतना ही महत्त्व नींव के पत्थर का भी होता है। चोटी सबको दिखाई देती है, जबकि नींव का पत्थर अदृश्य ही रहता है। महात्मा गांधी स्वतंत्रता प्राप्ति के आंदोलन के अगुआ थे, इसलिए सबको दिखाई देते थे। डॉ. हेडगेवार प्रत्येक व्यक्ति के हृदय में आजीवन देशसेवा का मंत्र फूँकने का कार्य कर रहे थे और एक अज्ञात अगुआ की भूमिका निभा रहे थे। वे नींव के पत्थर थे, इसलिए उनका नाम इतना जाना नहीं जाता। डॉ. हेडगेवार का नाम अज्ञात रहने तथा महात्मा गांधी के नाम का विस्तृत प्रचार होने में हमारी सरकार की भूमिका भी कम जिम्मेदार नहीं रही। स्वाधीनता प्राप्ति के पश्चात् राष्ट्रीय स्वयंसेवक संघ को महात्मा गांधी की हत्या का दोषी तथा सांप्रदायिकता का पोषक सिद्ध करने का जो घटिया प्रयास भारत सरकार और सत्ताधारी दल द्वारा किया गया, उस इतिहास को यहाँ दोहराने की आवश्यकता नहीं।

गांधीजी व डॉ. हेडगेवार का सामाजिक जीवन प्राय: एक जैसा लंबा

रहा तथा दोनों ने लगभग एक समय में देश में कार्य किया। 1940 में डॉ. जी की मृत्यु हुई और 1948 में गांधीजी की। गांधीजी डॉ. जी से 20 वर्ष बड़े थे, परंतु गांधीजी 22 वर्ष देश से बाहर रहे। डॉ. जी बाल्यकाल से ही स्वतंत्रता आंदोलन में सम्मिलित हो गए थे तथा गांधीजी दक्षिणी अफ्रीका से लौटने के पश्चात् 46 वर्ष की आयु में स्वतंत्रता आंदोलन में सक्रिय हुए। डॉ. जी आजीवन विवाहित रहे तथा निजी व पारिवारिक जिम्मेदारियों से सर्वथा मुक्त रहे। गांधीजी ने अनेक वर्षों तक वकालत की तथा उनका परिवार भरा-पूरा था। दोनों ही स्वतत्रंता के लिए व्याकुल थे। दोनों ने देश सेवा में स्वयं को अर्पित कर दिया। गांधीजी ने स्वतत्रता आंदोलन को प्रमुख कार्य माना। डॉ. हेडगेवार ने परतंत्रता के मूल कारणों पर चोट की। गांधीजी का बल तात्कालिक परंतु महत्त्वपूर्ण लक्ष्य की प्राप्ति के लिए लगा, जबकि डॉ. जी ने राष्ट्रीय पुनर्निर्माण के दीर्घकालिक लक्ष्य के लिए अनुकूल कार्यकर्ता खड़े करने में अपना जीवन लगा दिया। दोनों कार्यों की देश को परम आवश्यकता थी तथा दोनों एक-दूसरे के पूरक थे।

इस देश में कई लोगों की यह धारणा है कि गांधीजी व डॉ. जी के आदर्शों में कोई समानता नहीं थी और उनके प्रयास परस्पर पूरक नहीं, विरोधी थे। गांधीजी की हत्या के लिए राष्ट्रीय स्वयंसेवक संघ को दोषी माननेवाले तो यह मानते ही हैं कि गांधीजी ने सांप्रदायिक सद्भाव के लिए काम किया, जबकि संघ ने सांप्रदायिकता को भड़काया तथा गांधीजी की हत्या के लिए संघ परोक्ष रूप से जिम्मेदार था। ऐसे लोगों ने न तो गांधीजी को समझा और न ही डॉ. हेडगेवार के संघ को। वास्तव में तो गांधीजी भी हिंदुत्व के उतने ही कट्टर समर्थक थे, जितना संघ। देश विभाजन में मुसलमानों की भूमिका अच्छी नहीं थी, फिर भी गांधीजी ने सांप्रदायिक सद्भाव बनाए रखने पर आग्रह किया। संघ हिंदुत्व को इस देश की मूल आत्मा मानता था, इसलिए वह मुसलमानों में व्याप्त अलगाव के भाव से तथा उसके परिणामस्वरूप हुए देश विभाजन से खिन्न था। सांप्रदायिकता का पोषण संघ ने कभी नहीं किया। गांधीजी की हत्या से तो संघ का दूर का रिश्ता भी नहीं था। देश का विभाजन गांधीजी को भी स्वीकार नहीं था, पर वे उसे रोक नहीं पाए। परिस्थितियाँ ऐसी

बनी कि सांप्रदायिक सद्भाव नहीं टिक पाया और गांधीजी की हत्या हो गई। जहाँ तक हिंदुत्व में आस्था का प्रश्न था, गांधीजी व डॉ. हेडगेवार की सोच समान थी। अन्य भी अनेक विषयों के बारे में उनका चिंतन व व्यवहार मेल खाता था। दोनों ही उच्च श्रेणी के महापुरुष और कर्मयोगी थे। देश, समाज व राष्ट्र के निर्माण की समान कल्पनाओं से प्रेरित होकर वे परस्पर पूरक कार्यों में संलग्न थे।

यह देश का दुर्भाग्य था कि स्वतंत्रता प्राप्ति के तत्काल पश्चात् ही गांधीजी की हत्या हो गई। अन्यथा गांधीजी व संघ दोनों के ही प्रयत्न एक जैसे रहते तथा स्वतंत्रता पश्चात् के भारत के विकास के बारे में दोनों की सोच काफी समान रहती। यहाँ यह कहा जा सकता है कि डॉ. हेडगेवार तो पहले दिवंगत हो गए थे, जबकि महात्माजी बाद में दिवंगत हुए तथा यदि दोनों की कल्पनाएँ एक जैसी थीं तो दोनों के अनुयायियों ने एक साथ या एक जैसा काम क्यों नहीं किया ? क्योंकि दिखाई तो यह देता है कि गांधीजी के अनुयायी अर्थात् कांग्रेसी तथा डॉ. जी के अनुयायी अर्थात् संघ के लोगों का आपस में वैर रहा।

यहाँ गांधीजी व डॉ. हेडगेवार की सोच के मौलिक अंतर को समझना पड़ेगा। गांधीजी एक जन संगठन के नेता थे, स्वतंत्रता प्राप्ति उनके लिए अधिक महत्त्वपूर्ण थी। देश और राष्ट्र के निर्माण की उनकी कल्पनाएँ स्वतंत्रता प्राप्ति के पश्चात् ही साकार हो सकती थीं। वे जननेता थे तथा उसी नैतिक अधिकार के बल पर ही वे समाज जीवन को प्रभावित करने की क्षमता रखते थे। उनके आदर्शों का क्रियान्वयन उनकी भौतिक उपस्थिति से ही संभव था; क्योंकि वे सत्ता परिवर्तन की लड़ाई में लगे थे। इसलिए उनके तथाकथित अनुयायियों ने सत्ता को ही प्रमुख माना और क्योंकि सत्ता भ्रष्ट करती है, इसलिए सत्ताधारी उनके दिखाए मार्ग पर नहीं चले। उनके सच्चे अनुयायी पिछड़ते चले गए, सत्तापिपासु हावी होते गए। दूसरी ओर डॉ. हेडगेवार ने कार्यकर्ताओं का संगठन निर्माण किया, व्यक्ति परिवर्तन द्वारा समाज परिवर्तन— यह उन्हें अभिप्रेत था। उनका उद्देश्य भी स्वतंत्रता प्राप्ति थी, परंतु वे चाहते थे कि देश की मूल समस्या का निराकरण किया

जाए। मूल समस्या अंग्रेज नहीं थे, हिंदुओं का असंगठन था। उनके लिए सत्ता परिवर्तन के साथ ही महत्त्वपूर्ण कार्य था हिंदू संगठन। उन्होंने व्यक्ति निरपेक्ष संगठन पर बल दिया। यद्यपि संघ स्थापना के 15 वर्षों के पश्चात् ही वे दिवंगत हो गए, पर इस बीच उनके आदर्शों को समझने व उन पर चलनेवाले कार्यकर्ता देश भर में खड़े हो चुके थे। क्योंकि डॉ. हेडगेवार अथवा उनके अनुयायी सीधे-सीधे सत्ता परिवर्तन के कार्य में नहीं लगे थे और न ही स्वतंत्रता प्राप्ति के पश्चात् सत्ता में उन्हें आना पड़ा, इसलिए सत्ता के दोषों से भी वे बच गए।

दो अन्य कारण भी महत्त्वपूर्ण थे। गांधीजी ने अपना उत्तराधिकारी नेहरूजी को बनाया, जबकि डॉ. जी ने गोलवलकरजी को। नेहरूजी पश्चिमी विचारों व पद्धतियों से बहुत प्रभावित थे और इसलिए हिंदू व भारतीय चिंतन से कुछ कटे हुए से थे। गांधीजी को उन्होंने न पूरा समझा और न स्वीकार किया। गोलवलकरजी एक आध्यात्मिक व्यक्ति थे। हिंदुत्व और भारतीयता के प्रति उनकी निष्ठा थी, स्वामी विवेकानंद के वे परमभक्त थे तथा संन्यासी जीवन अपनाना चाहते थे। डॉ. जी के संपर्क में आकर वे उनके सही उत्तराधिकारी बने। नेहरूजी ने अपनी समझ और संस्कारों के कारण संघ को समझा ही नहीं। संभवतः किसी प्रकार की समझ पैदा हो भी जाती, परंतु महात्माजी की हत्या के कारण वह संभावना भी समाप्त हो गई। संघ पर प्रतिबंध लगाया गया, उसे सांप्रदायिक सिद्ध करने का हर संभव प्रयास किया गया। अवसरवादी कांग्रेसी मुसलमानों के वोट बटोरने के चक्कर में संघ को अपना दुश्मन बनाते चले गए। कांग्रेस महात्मा गांधी के आदर्शों से दूर होती गई, जबकि गोलवलकरजी के नेतृत्व में संघ अपने मार्ग पर अविचल बढ़ता गया। गांधीजी के सच्चे अनुयायियों का प्रभाव देश में कम होता गया।

इसमें तनिक भी संदेह नहीं है कि गांधीजी व डॉ. हेडगेवार के सच्चे अनुयायी एक-दूसरे के निकट आए हैं तथा भविष्य में वे और भी निकट आएंगे। हिंदुत्व, राष्ट्र की प्रगति, विश्व की प्रगति में भारत की भूमिका, भौतिकता व आध्यात्मिकता, साधनों की पवित्रता, नैतिकता, जीवन मूल्य,

अहिंसा, सत्यनिष्ठा, सदाचार, ईश्वरभक्ति, सादगीपूर्ण जीवन आदि ऐसे अनेक विषय हैं, जिन पर गांधीजी व हेडगेवारजी के अनुयायी एक जैसी सोच रखते हैं। गांधीजी के अनुयायी किसी एक संगठन से जुड़े हुए नहीं हैं, जैसे कि हेडगेवारजी के अनुयायी। इसलिए दोनों का साथ आना एक अमूर्त प्रक्रिया होगी, परंतु वह चल रही है और चलेगी, यह निर्विवाद सत्य है।

(1989 में डॉ. हेडगेवार की जन्मशती के अवसर पर लिखित)

□

श्री दीनदयाल उपाध्याय : अब भी हैं वे हमारे बीच

प्रश्न पूछा गया है कि कहाँ खो गए दीनदयालजी? प्रतिप्रश्न पूछा जा सकता है कि क्या संभव है कि दीनदयालजी जैसे महापुरुष खो जाएँ ? हाँ, यह संभव है। वे उनके लिए खो सकते हैं जो उनका मूल्य नहीं जानते। वे उनके लिए भी खो सकते हैं, जिनके लिए उनका चिंतन, राष्ट्रभक्ति व समाज समर्पण का निजी उदाहरण अर्थहीन हो। दोनों प्रकार के लोगों के लिए एक क्या, अनेकों महापुरुष खो जाते हैं। पर क्या इसे खोना कहा जाए? किसी महापुरुष का मूल्य अथवा महत्त्व न जानने वाले समाज के कारण वह महापुरुष नहीं खोता, अपितु यह कहना उपयुक्त होगा कि कृतघ्न समाज उन्हें भुला देता है।

दीनदयालजी का उल्लेख आते ही राष्ट्रीय स्वयंसेवक संघ (रा.स्व. संघ) का उल्लेख अनिवार्यत: आता है। वे आजीवन संघ के स्वयंसेवक, कार्यकर्ता और प्रचारक रहे। संघ के स्वयंसेवक के नाते ही उनके जीवन का उत्तरार्ध भारतीय जनसंघ के पदाधिकारी के रूप में बीता। पर क्या दीनदयालजी जनसंघ (आज की भाजपा) अथवा राष्ट्रीय स्वयंसेवक संघ के लिए जनमे थे? कभी-कभी एक आरोप लगाया जाता है कि राजनीतिक क्षेत्र के उनके साथियों व उत्तराधिकारियों ने उन्हें भुला दिया। हो सकता है यही आरोप कल प्रत्यक्ष संघ कार्य में लगे कार्यकर्ताओं पर भी लगे। यह भी हो सकता है कि आरोपों में कुछ सत्यता भी हो, तो क्या दोनों प्रकार के लोगों के भुलाने से

दीनदयालजी भुलाए जा सकते हैं? यदि कृतज्ञ लोगों के कारण महापुरुषों को नहीं भुलाया जा सकता तो मूल प्रश्न यह खड़ा होता है कि दीनदयालजी में ऐसा क्या था, जो उन्हें महापुरुष बना देता है? उत्तर यह है कि दीनदयालजी भारतीय अथवा हिंदू ऋषि परंपरा की वह कड़ी थे, जिनकी कर्म भूमि पहले राष्ट्रीय स्वयंसेवक संघ और फिर भारतीय जनसंघ बना। एक ऋषि के नाते प्राचीन हिंदू चिंतन, जिसे 'एकात्म मानवदर्शन' भी कहा जाता है, के वे आधुनिक व्याख्याता थे और उसी दर्शन में अभिप्रेत व्यक्ति-जीवन जीनेवाले एक आदर्श नागरिक एवं सामाजिक-राजनीतिक कार्यकर्ता थे।

थोड़ा विस्तार में जाएँ तो ध्यान में आता है कि 1925 में डॉ. हेडगेवार द्वारा रा.स्व.संघ की स्थापना से जिस हिंदू स्वाभिमान और हिंदू संगठन के अभियान का सूत्रपात हुआ उसे अनेक विचारकों व राष्ट्रसमर्पित स्वयंसेवकों ने आगे बढ़ाया। उन्हीं अनेक स्वयंसेवकों में से जिन तीन मनीषियों का बौद्धिक योगदान व निजी उदाहरण सर्वाधिक प्रकाश में आया, वे थे श्रीगुरुजी, पं.दीनदयालजी व श्री दत्तोपंत ठेंगड़ी। बौद्धिक क्षमता, वैचारिक स्पष्टता, संघनिष्ठा एवं राष्ट्रसमर्पित जीवन के संदर्भ में दीनदयालजी व ठेंगड़ीजी श्रीगुरुजी की अनुकृति थे। यह भी कह सकते हैं कि दोनों ही श्रीगुरुजी के मानसपुत्र थे।

पिछले दिनों संपन्न हुए श्रीगुरुजी जन्मशताब्दी समारोह के कारण श्रीगुरुजी के राष्ट्र जीवन में योगदान की भरपूर चर्चा देश में हुई है। वैसे भी चूँकि श्रीगुरुजी अद्वितीय प्रतिभा एवं क्षमता के धनी थे और डॉ. हेडगेवार के उत्तराधिकारी और दीर्घकाल तक संघ के सरसंघचालक के रूप में उन्होंने संघ का नेतृत्व किया, इसलिए उन्हें भुला देना संभव ही नहीं। दूसरी ओर ठेंगड़ीजी तो हाल ही में दिवंगत हुए हैं, इसलिए उन्हें भुलाए जाने का भी प्रश्न नहीं उठता।

श्रीगुरुजी के निधन को 34 वर्ष हो चुके हैं। जहाँ तक पं.दीनदयालजी का प्रश्न है तो वे श्रीगुरुजी के पूर्व काल कवलित हो गए थे और श्रीगुरुजी से आयु में भी छोटे थे। पर छोटे से जीवन काल में पं. दीनदयालजी ने अपनी

प्रतिभा और व्यक्तित्व की छाप राष्ट्रीय, सामाजिक व राजनीतिक जीवन पर गहरे अंकित कर दी थी। उन्हें सर्वाधिक स्मरण किया जाता है एकात्म मानव दर्शन के आधुनिक व्याख्याता के रूप में। न तो वह विचार उनका अपना था और न ही वे उसके प्रथम व्याख्याता थे। उन्होंने तो प्राचीन हिंदू चिंतन को एक बार पुनः बौद्धिक धरातल पर व्याख्यायित किया था। संभवतः एकात्म मानवदर्शन की एकात्म मानववाद के शब्दों में अभिव्यक्ति उनकी अपनी थी। इसके अतिरिक्त सांस्कृतिक, आर्थिक, राजनीतिक एवं सामाजिक, समसामयिक विषयों पर प्रबोधन एवं लेखन के जरिए उन्होंने संघ द्वारा प्रारंभ किए गए हिंदू स्वाभिमान और हिंदू संगठन के अभियान को बल प्रदान किया। भारतीय जनसंघ का पौधा देश में डॉ. श्यामा प्रसाद मुखर्जी ने लगाया, पर दीर्घकाल तक उसके महामंत्री के नाते उसे सिद्धांतों, आदर्शों एवं मूल्यों की राजनीति करनेवाले सशक्त वृक्ष के रूप में दीनदयालजी ने पल्लवित किया। उन्होंने लोकसभा का एक उपचुनाव भी लड़ा और चुनाव में प्रत्याशी को किन मूल्यों पर चलना चाहिए, इसका प्रत्यक्ष उदाहरण प्रस्तुत किया। उनकी सादगी ऐसी थी, जो बड़े से बड़े व्यक्ति को भी शर्मिंदा कर देती थी। मृत्यु के समय उनकी अटैची में निकला सामान सादगी की पराकाष्ठा की अभिव्यक्ति था। कुल मिलाकर दीनदयालजी एक ऋषि, एक महापुरुष व एक अनुकरणीय सामाजिक-राजनीतिक नेता व कार्यकर्ता थे।

देश, समाज, राष्ट्र एवं मानवता के प्रति अपना शत-प्रतिशत दायित्व निभानेवाले दीनदयालजी जैसे मनीषी न कभी खोते हैं, न भुलाए जा सकते हैं। ऐसे मनीषी स्मरण किए जाने के लिए उस संगठन पर भी निर्भर नहीं होते, जो उनकी कर्मभूमि रहा हो। उनका चिंतन, कर्म एवं प्रेरणादायी निजी जीवन ही उन्हें चिरस्मरणीय बनाने के लिए पर्याप्त होता है।

(दीनदयाल उपाध्याय पर केंद्रित 'पाञ्चजन्य' के विशेषांक
'एक वह उम्मीद' में प्रकाशित)
30 सितंबर, 2007

□

श्री सुदर्शनजी : शिखर पर पहुँचकर भी, जो नींव के पत्थर ही बने रहे

मैं नहीं जानता कि विश्व अथवा भारत के इतिहास में राष्ट्रीय स्वयंसेवक संघ जैसा कोई सामाजिक संगठन पहले कभी हुआ या नहीं कि जिसने देश के लिए मरने-जीनेवाले असंख्य स्वयंसेवक तैयार किए हों। वह भी ऐसे प्रतिभावान एवं क्षमतावान स्वयंसेवक, जो यदि अपने निजी पारिवारिक एवं व्यवसायिक जीवन तक सीमित रहें, तो बहुत आगे तक जा सकते हैं, पर जो देशभक्ति का कर्तव्य निभाने के लिए या तो गुमनामी का जीवन चुनते हैं अथवा यदि उन्हें थोड़ी बहुत प्रसिद्धि मिलती भी है, तो न तो वे उसके लिए प्रयास करते हैं और न ही वह प्रसिद्धि उनके सिर पर चढ़ती है।

वे सदैव नींव के पत्थर ही रहे

थोड़ी बहुत प्रसिद्धि पानेवाले राष्ट्रीय स्वयंसेवक संघ के स्वयंसेवकों में से एक थे मा. सुदर्शनजी। यह प्रसिद्धि उन्हें इसलिए मिली, क्योंकि वे संघ के सरसंघचालक बने। पर न तो उन्होंने सरसंघचालक बनने का प्रयास किया और न ही प्रसिद्धि पाने का। सरसंघचालक रहते हुए भी, उन्होंने उसी नींव के पत्थर की भूमिका निभाई, जिसे उन्होंने संघ प्रचारक बनने के समय अंगीकार किया था। संघ स्वयंसेवकों के जीवन में प्रचारक (अविवाहित रहकर पूरा समय संघ कार्य करनेवाला) बनना और वह भी आजीवन प्रचारक बनना, वह भूमिका होती है, जिसे नींव के पत्थर के रूप में निभाने के लिए

व्यक्ति संकल्प लेता है। वैसे तो संघ के असंख्य कार्यकर्ता भी नींव के पत्थर की भूमिका निभाते हैं, परंतु प्रचारक बननेवाला कार्यकर्ता यह भूमिका संकल्पपूर्वक अपनाता है।

मा. सुदर्शनजी से मेरा परिचय बहुत वर्षों से था। यह परिचय और अधिक हुआ, जब संघ के सह सरकार्यवाह के नाते दिल्ली उनका केंद्र बना। उनके निकट आने का विशेष कारण तब बना, जब संघ में अखिल भारतीय विद्यार्थी परिषद् (अभाविप) से संपर्क रखने का दायित्व उनके पास आया। उनके इसी दायित्वकाल में मैं विद्यार्थी परिषद् का राष्ट्रीय अध्यक्ष और दिल्ली निवासी था। दिल्ली में एक-दो बार वे मेरे घर पर भी आए।

विशाल ज्ञान भंडार से युक्त सरल व्यक्तित्व

सुदर्शनजी एक ओर अति सरल, सादे, निश्छल और बाल हृदय के व्यक्ति थे तो दूसरी ओर उनका ज्ञान भंडार बहुत बड़ा था। विविध विषयों के उनके ज्ञान ने ही मुझे सबसे अधिक प्रभावित किया। उनके ज्ञान का निजी लाभ मैंने तब लिया, जब 1994 में मुझे अमेरिका जाना पड़ा। तब मैं अभाविप का राष्ट्रीय अध्यक्ष था तथा अमेरिकी सरकार की एक जनसंपर्क योजना के अंतर्गत मुझे 4 सप्ताह की यात्रा का निमंत्रण मिला था। यात्रा में मुझे एक विषय दिया गया था जिसके कारण राष्ट्र, सांस्कृतिक राष्ट्रवाद और राष्ट्रों के निर्माण जैसे विषयों पर वहाँ चर्चा होने की संभावना थी। उन विषयों पर अपनी समझ बढ़ाने हेतु मैं सुदर्शनजी से मिला और डेढ़-दो घंटे उनसे विषयों पर चर्चा की।

उनसे मिला एक बोध मंत्र

ऐसे ही किसी अवसर पर उन्होंने एक बोध मंत्र बोला—

अमंत्रं अक्षरं नास्ति,
नास्ति मूलम् अनौषधमः,
अयोग्यः पुरुषो नास्ति,
योजकस्तत्र दुर्लभः

जो मुझे सीखने को मिला जिसका अर्थ है कि न तो कोई अक्षर बेकार होता है और न ही कोई जड़ी-बूटी। इसी प्रकार कोई भी पुरुष (व्यक्ति) अयोग्य नहीं होता, केवल उसकी उपयोगिता और योग्यता को पहचानने वाला योजक (संगठक) दुर्लभ होता है। यह सूत्र जीवनभर के लिए मेरे ज्ञान भंडार की निधि बन गया।

सुदर्शनजी के सरल स्वभाव का निजी अनुभव मुझे तब मिला, जब 1993 में अभाविप का राष्ट्रीय अधिवेशन भुवनेश्वर में हुआ। उस अधिवेशन में मेरी पत्नी एवं 12 वर्षीय बेटी भी गई थी। सुदर्शनजी भी उस अधिवेशन में सहभागी हुए थे। अधिवेशन काल में मेरी बेटी के साथ बातें करने में सुदर्शनजी ने अच्छा-खासा समय व्यतीत किया।

1998 में जब केंद्र में भाजपा के नेतृत्व की सरकार बनी तब संघ अधिकारी के नाते सुदर्शनजी को भाजपा एवं सरकार के साथ संपर्क का दायित्व भी निभाना पड़ा। अनेक विषयों के साथ-साथ शिक्षा के विषय में भी सुदर्शनजी की विशेष रुचि थी। उन्होंने दिल्ली में एक टोली बनाई और उसे यह काम सौंपा कि शिक्षा के मामले में वह मानव संसाधन मंत्री डॉ. मुरली मनोहर जोशी को उपयोगी सुझाव दें। मुझे भी उस टोली में सम्मिलित किया गया था।

सरसंघचालक के पद से मुक्त होने के पश्चात् कैसे उन्होंने एक सामान्य स्वयंसेवक के नाते जीवन जिया, यह तो सभी को ज्ञात है।

('स्वदेश समाचार पत्र समूह' द्वारा फरवरी 2014 में प्रकाशित ग्रंथ 'सुदर्शन स्मृति' से)

□

श्री दत्तोपंत ठेंगड़ी

श्री माधव सदाशिव गोलवलकर (श्रीगुरुजी) को राष्ट्रीय स्वयंसेवक संघ की वैचारिक यात्रा में दो सक्षम साथी मिले—श्री दीनदयाल उपाध्याय व श्री दत्तोपंत (दत्तात्रेय बापूराव) ठेंगड़ी। तीनों में आयु का अधिक अंतर नहीं था। गुरुजी दीनदयालजी से 10 वर्ष बड़े थे और दीनदयालजी ठेंगड़ीजी से मात्र 4 वर्ष बड़े। पर तीनों ही अपार बौद्धिक क्षमता के धनी थे। श्रीगुरुजी ने आजीवन हिंदुत्व, हिंदू राष्ट्र व हिंदू जीवन दर्शन को व्याख्यायित किया तो दीनदयालजी ने हिंदू जीवन दर्शन को एकात्म जीवन दर्शन के नए शब्दों में परिभाषित किया। दीनदयालजी का छोटी आयु में ही 1968 में निधन हो गया। 5 वर्ष पश्चात् श्रीगुरुजी का भी अपेक्षाकृत कम आयु में 1973 में निधन हो गया। ठेगड़ीजी को प्रभु ने 84 वर्ष की लंबी आयु प्रदान की। इन दोनों महापुरुषों की बौद्धिक विरासत को तीन दशकों के लंबे काल तक ठेंगड़ीजी ने पुष्पित पल्लवित किया।

ठेंगड़ीजी का जन्म 10 नवंबर, 1920 को महाराष्ट्र प्रदेश के विदर्भ क्षेत्र के वर्धा जिले के आर्वी नामक गाँव में हुआ। बी.ए., एल-एल.बी. की पढ़ाई करने के पश्चात् वे 1942 में राष्ट्रीय स्वयंसेवक संघ के प्रचारक बन गए। दो वर्ष वे केरल में तथा पाँच वर्ष बंगाल में संघ प्रचारक रहे। 1949 में उन्हें अखिल भारतीय विद्यार्थी परिषद्, विदर्भ प्रदेश अध्यक्ष का दायित्व मिला। दो वर्ष पश्चात् उन्हें भारतीय जनसंघ के संगठन मंत्री का दायित्व मिला, जिसे उन्होंने 1951-53 में मध्य प्रदेश में तथा 1956-57 में दक्षिणांचल क्षेत्र में संपन्न किया।

ठेंगड़ीजी जिस कार्यक्षेत्र के लिए प्रसिद्ध हुए और जो उनका प्रथम सबसे बड़ा कार्यक्षेत्र बना, वह था मजदूर क्षेत्र। 1955 में ठेंगड़ीजी ने मजदूर क्षेत्र में भारतीय मजदूर संघ स्थापित किया। उस क्षेत्र में वामपंथी लोग पहले से बने हुए थे, पर ठेंगड़ीजी के नेतृत्व में वह संगठन बड़ा बनता गया और कालक्रम में वह भारत का सबसे बड़ा मजदूर संगठन बन गया। मजदूर संघ की स्थापना से पूर्व ठेंगड़ीजी ने दो वर्ष कांग्रेसी विचारधारा से संबद्ध मजदूर संगठन इंटक में भी कार्य किया और मजदूर संगठन कार्य का प्रशिक्षण व अनुभव प्राप्त किया।

भारत के दो और संगठनों की स्थापना में ठेंगड़ीजी की प्रमुख भूमिका रही और वे थे—1979 में स्थापित भारतीय किसान संघ और 1991 में स्थापित स्वदेशी जागरण मंच। उनके जीवन के अंतिम 20-22 वर्षों में स्वदेशी जागरण मंच उनका सबसे बड़ा कर्मक्षेत्र बन गया, जिसे उन्होंने भारतीय आर्थिक हितों के रक्षक के रूप में विकसित किया।

दो अन्य आर्थिक संगठनों—'सहकार भारती', 'ग्राहक पंचायत', अधिवक्ताओं के एक सामाजिक संगठन—'अखिल भारतीय अधिवक्ता परिषद्' तथा केरल में प्रारंभ हुई एक बौद्धिक संस्था 'भारतीय विचार केंद्रम' की स्थापना में ठेंगड़ीजी की विशेष भूमिका रही। इसके अतिरिक्त ठेंगड़ीजी ने 17 विविध संगठनों में संरक्षक की भूमिका भी निभाई।

भारत के सार्वजनिक जीवन में इतनी विविधतापूर्ण भूमिका निभानेवाले विरले ही लोग हुए होंगे! ठेंगड़ीजी की बौद्धिक प्रतिभा अनेक रूपों में व्यक्त हुई। उन्होंने अंग्रेजी, हिंदी और मराठी में विशाल साहित्य लिखा। उन्होंने हिंदी में 34, अंग्रेजी में 10 व मराठी में तीन पुस्तकें लिखीं। अन्य महानुभावों द्वारा लिखी अथवा संपादित 12 पुस्तकों की उन्होंने प्रस्तावनाएँ लिखीं। वे प्राय: लंबी प्रस्तावनाएँ लिखते थे। उनका अध्ययन गजब का था, जो उनके लेखन व भाषणों में व्यक्त होता था। भारतीय ज्ञान व मनीषा का अध्ययन तो उन्हें था ही, विदेशी विचारकों, दार्शनिकों व महापुरुषों के विचारों को भी उन्होंने आत्मसात् किया हुआ था।

वर्ष 1987 में नागपुर में हुई संघ की एक चिंतन बैठक में 'संघ उद्‌देश्य की पूर्ति में भारतीय मजदूर संघ के योगदान' विषय पर बोलते हुए उन्होंने तत्कालीन संदर्भ में कहा था कि मजदूर संघ उस संबंध में बहुत कुछ नहीं कर पाया। उन्होंने कहा कि रोजी-रोटी के स्वार्थ से ऊपर उठकर मजदूर कुछ करे, यह अत्यंत कठिन कार्य है।

(एकात्म मानव दर्शन शोध एवं विकास प्रतिष्ठान द्वारा प्रकाशित 'दीनदयाल उपाध्याय समग्र' के ठेंगड़ीजी को समर्पित खंड हेतु लिखित परिचय)

□

श्री भाऊराव देवरस

राष्ट्रीय पुनर्निर्माण की दिशा में राष्ट्रीय स्वयंसेवक संघ द्वारा किए गए अनुपम योगदान को भारत का भावी इतिहास स्वर्णाक्षरों में अंकित करेगा। तर्कशुद्ध एवं निर्दोष विचारधारा के प्रतिपादन के लिए तो संघ की प्रशंसा होगी ही, व्यक्तियों को जोड़ने की वैज्ञानिक कार्यपद्धति के आधार पर एक विशाल संगठन खड़ा करने के लिए भी उसे सदा स्मरण किया जाएगा। सामाजिक एवं राजनीतिक आंदोलन प्राय: किसी असामान्य व्यक्ति के साथ शुरू होते हैं और उसी के साथ क्षीण हो जाते हैं। एक व्यक्ति ही उन आंदोलनों का प्राण होता है, परंतु रा.स्व.संघ की कार्यप्रणाली में व्यक्तिनिरपेक्षता पर शुरू से ही बल दिया गया। उसी पद्धति का परिणाम है कि अधिकतर लोग संघ संस्थापक का नाम भी नहीं जानते। उसी पद्धति का ही यह परिणाम भी है कि अनेक वरिष्ठ नेताओं के इस संसार से विदा हो जाने के बावजूद भी संघ का आंदोलन प्रभावी होता गया है। श्री भाऊराव देवरस विदा होने वालों की शृंखला की ताजा कड़ी थे।

श्रद्धेय भाऊराव संघ के वरिष्ठतम नेताओं में से एक तो थे ही, व्यक्तियों को जोड़ने की जिस वैज्ञानिक संगठन कुशलता का ऊपर उल्लेख हुआ है, उसके वे सर्वोच्च विशेषज्ञ भी थे। संघ परिवार कें अंतर्गत तथा बाहर सैकड़ों–हजारों लोगों से उनका निकट का परिचय था। वे अधिकाधिक लोगों से मिलने के इच्छुक रहते थे। कोई भी उनसे मिलना चाहे तो वे सहज उपलब्ध रहते थे। मानवी संगठन प्राय: कार्यकर्ताओं में परस्पर तालमेल व सौहार्द के अभाव

के कारण टूट जाते हैं। भाऊराव ने संघ परिवार में यह अभाव नहीं आने दिया तथा उनके व्यापक परिचय एवं संपर्क के कारण असंख्य लोग संघ से प्रत्यक्ष अथवा परोक्ष रूप से जुड़ते चले गए।

भाऊराव नेतृत्व गुण के भी धनी थे। सफल नेतृत्व वही कर सकता है, जिसका हाथ परिस्थितियों व समय की नब्ज पर रहता हो। अधिकाधिक जानकारियाँ व सूचनाएँ किसी नेता की सबसे बड़ी शक्ति होती हैं। विश्व में, देश में, संगठन में क्या-क्या चल रहा है, यह जानकारी जिसे होती है, वही समयानुकूल नेतृत्व प्रदान कर सकता है। इसके लिए आँखें और कान सदा खुले रखने पड़ते हैं। अधिकाधिक लोगों से मिलने पर अधिकाधिक सुनने और जानने की तत्परता भाऊराव में रहती थी। कम बोलते हुए अधिक सुनने का अद्वितीय धैर्य उनमें था। अखिल भारतीय विद्यार्थी परिषद् के कार्यकर्ताओं के लिए भाऊराव पालक, मार्गदर्शक व मित्र की भूमिका निभाते थे। वे अभाविप की कुछ बैठकों में भी आते थे तथा काफी समय व्यतीत करते थे। परंतु बैठकों में वे काररवाई सुनने का काम अधिक करते थे। एक दिन, दो दिन अथवा तीन दिन तक बैठक में उपस्थित रहना तथा लोगों के विचार सुनते रहना—यह वह प्राय: करते थे।

श्री भाऊराव स्वाधीनता पूर्व की उस पीढ़ी के अंश थे, जिसने अपना सर्वस्व देश को अर्पित कर दिया था तथा जो देश को उन्नति के पथ पर तेजी से बढ़ता हुआ देखना चाहते थे। राष्ट्रीय एकात्मता व समृद्धि ही उनका जीवन लक्ष्य था। परंतु स्वतंत्रता प्राप्ति के पश्चात् देश में हुई असंतोषजनक प्रगति तथा बढ़ती हुई टूटन के कारण भाऊराव बहुत व्यथित रहने लगे थे। स्वप्नों के धराशायी हो जाने की जो पीड़ा किसी को हो सकती है, वह उन्हें भी होती थी। देश की दशा का वर्णन करते हुए वे प्राय: भावुक हो जाते थे तथा रो भी पड़ते थे।

अक्तूबर 1989 में पटना में अभाविप के राष्ट्रीय अधिवेशन का उद्घाटन श्री भाऊराव ने किया था। देश की परिस्थिति का वर्णन करते हुए उनका गला रुंध आया। लगभग रोते हुए उन्होंने कहा कि पुरानी पीढ़ी ने तो अपना कर्तव्य नहीं निभाया, परंतु युवा पीढ़ी से वे इसकी अपेक्षा अवश्य करते हैं।

जीवन के अंतिम दिनों में भाऊराव नर्सिंग होम में भरती थे। देश और संगठन की अनेक समस्याओं के प्रति वे चिंतित रहते थे तथा और कुछ कर गुजरने की व्याकुलता उनमें प्रगट होती थी। मिलने जानेवालों से वे खूब बातचीत करते, जानकारियाँ लेते, परामर्श देते और उस स्थिति में भी जो संभव था, करने का प्रयास करते। जब-जब विपरीत एवं निराशाजनक परिस्थितियों का जिक्र होता, वे फूट-फूटकर रो पड़ते थे।

कार्यकर्ताओं से मिलते-जुलते रहने की तीव्र इच्छा उनमें अंतिम समय तक बनी रही। अस्पताल के बिस्तर पर लेटे-लेटे वे कार्यकर्ताओं की प्रतीक्षा करते थे। वे अभाविप के पालक थे तथा हमारी कार्यकर्ताओं और साधनों की आवश्यकता पूर्ति में सहयोग करते थे। अभाविप के कार्यकर्ता के नाते मैं उनसे मिलता रहता था। जिन दिनों वे नर्सिंग होम में भरती हुए उन्हीं दिनों मेरे भतीजे का विवाह था। चाहते हुए भी कई दिन मिलने नहीं जा पाया। जब गया तो मन में अपराधबोध था। मेरा कई दिन बाद जाना उन्हें महसूस होगा, इसका मुझे अहसास था। मिलने पर जब उन्होंने यह पूछा कि क्या मैं व्यस्त था? तो मुझे सफाई भी देनी पड़ी और अपराध बोध भी बढ़ गया।

दुबारा मिलने जाने में फिर देरी हुई। आजकल करते हुए मैंने कई दिन बिता दिए। 12 मई को यह निश्चय किया कि अगले दिन अवश्य जाऊँगा। एक कार्यकर्ता के साथ नर्सिंग होम पर दोपहर एक बजे पहुँचने का समय तय किया। हम दोनों उनसे मिलने वाले थे। पर वहाँ पहुँचने पर पता चला कि बहुत देर हो चुकी थी। कुछ समय पूर्व ही वे इस संसार से विदा हो गए थे। इस बार अपराध बोध की भरपाई भी असंभव हो गई।

राष्ट्र समर्पित उस महामानव को सादर प्रणाम।

(मई 1992 में श्री भाऊराव देवरस के निधन के पश्चात्
लिखित श्रद्धांजलि लेख)

□

श्री सोहनसिंह : मेरे द्वितीय गुरु

समाज के लिए किए गए योगदान में संभवतः एक सामाजिक कार्यकर्ता की प्रतिबद्धता और समर्पण से अधिक उसकी क्षमता व प्रतिभा महत्त्व रखती है। माननीय सोहन सिंहजी दोनों पैमानों पर खरे उतरते थे। उनका समर्पण उनके कठोर परिश्रमी, आत्मविलोपी, प्रसिद्धि पराङ्मुख प्रकृति और सादगी में व्यक्त होता था तो उनकी क्षमता एक अद्‍भुत संगठक के रूप में सामने आती थी। वे कार्यकर्ता-निर्माण में सिद्धहस्त थे। हरियाणा, दिल्ली और राजस्थान में उनके द्वारा गढ़े गए कार्यकर्ताओं की संख्या सैकड़ों में अवश्य होगी। व्यक्तिगत संपर्क, संबंध और संवाद के माध्यम से वे स्वयंसेवक के जीवन में गहरे उतर जाते थे, जिसके आधार पर वे उसके मार्गदर्शक बनकर उसे एक अच्छा कार्यकर्ता बना देते थे। स्वयंसेवक से धैर्यपूर्वक पूरा संवाद स्थापित करना, उसका विश्वास अर्जित करना, बिना थोपे उससे अपनी बात मनवा लेना उनकी विशेषता थी।

व्यक्ति की पहचान और सार-सँभाल के विषय में भी वे सिद्धहस्त थे। वे इस बात को भलीभाँति जानते थे कि प्रायः एक ही व्यक्ति में गुण व दोष दोनों पाए जाते हैं। संभवतः प्रतिभावान और क्षमतावान व्यक्तियों के बारे में यह बात ज्यादा प्रमाणित होती है। संपर्क में आए व्यक्ति के गुण-दोषों को वे परख लेते थे और फिर संबंध व संवाद को आधार बनाकर संगठन के लिए उसके गुणों का लाभ उठा लेते थे।

संगठन संबंधी गतिविधियों की बारीकी से योजना बनाना उनकी एक

और विशेषता थी। संघ के बहुत बड़े-बड़े कार्यक्रमों को सफल बनाने में वे यशस्वी सिद्ध होते थे। मेरी स्मृति के अनुसार, ऐसा एक कार्यक्रम दिल्ली में हुआ विशाल पीरागढ़ी शिविर था।

संघ का स्वयंसेवक और कार्यकर्ता होने के नाते मेरे निजी जीवन में सोहन सिंहजी ने बड़ी भूमिका निभाई थी। अपने कार्यकर्ता जीवन में मन-ही-मन मैंने तीन व्यक्तियों को अपना गुरु माना। उस रूप में वे मेरे द्वितीय गुरु थे। मैं बचपन में ही स्वयंसेवक बना। सन् 1962 में मैं जब एक सायं शाखा का मुख्य शिक्षक बना, तब सोहन सिंहजी ने दिल्ली के प्रचारक के नाते मेरे जीवन में प्रवेश किया। तब से 12-13 वर्षों तक वे मेरे सीधे मार्गदर्शक व पालक रहे।

उस समय में पहले पाँच वर्ष मैंने शाखा-कार्य किया तथा बाद के वर्षों में अखिल भारतीय विद्यार्थी परिषद् (अभाविप) का। उस दौरान उनसे बना अंतरंग संबंध बाद के चार दशकों में भी कायम रहा। यद्यपि वे एक कड़क और गंभीर प्रचारक थे, परंतु मुझे उनसे कुछ भी कहने में संकोच नहीं होता था। उनके मार्गदर्शन में वर्ष 1962 से 1967 के बीच मैंने प्रत्यक्ष शाखा-कार्य किया तथा संघ शिक्षा वर्गों के तीनों शिक्षण प्राप्त किए। मेरी इच्छा नहीं होते हुए भी सन् 1967 में उन्होंने मुझे अभाविप में भेजा। सितंबर 1967 में दो दिनों के लिए सरसंघचालक श्रीगुरुजी के एक परिवार में निवास के अवसर पर मुझे उनकी प्रबंध व्यवस्था का दायित्व दिया। पीरागढ़ी शिविर में उन्होंने प्रबंध व्यवस्था में मुझे अपने साथ रखा।

सन् 1969 में मेरी एम.ए. की पढ़ाई पूरी हुई। उनकी सहमति से मैंने प्राध्यापक की नौकरी प्राप्त की। परंतु उन्होंने मुझे नौकरी करने की बजाय विधि का छात्र बनने के लिए कहा, ताकि मैं अभाविप का कार्य अधिक प्रभावी ढंग से करता रहूँ, क्योंकि मैं तब दिल्ली अभाविप का मंत्री था। उसी वर्ष अभाविप में मुझे बड़ी जिम्मेदारी दिए जाने का विषय आया, परंतु सोहन सिंहजी ने अपनी सहमति नहीं दी, क्योंकि वे चाहते थे कि मैं दिल्ली पर ही ध्यान देता रहूँ।

विधि के छात्र के रूप में मेरा एक ही वर्ष बीता था कि उन्होंने मुझे संघ प्रचारक बनने के लिए कहा, जिसके लिए मैं सहज तैयार हो गया। मेरा प्रचारक बनना तथा उनका दिल्ली से बाहर स्थानांतरण एक साथ हुआ। यद्यपि अगले वर्षों में दिल्ली संघ से उनका संबंध नहीं रहा, परंतु 4-5 वर्षों तक अपने मन का भार हलका करने और निजी जीवन के लिए उनसे मैं निरंतर मार्गदर्शन लेता रहा। सन् 1975 में प्रचारक जीवन से वापसी के मेरे निर्णय में भी उनकी सहमति का विशेष महत्त्व रहा।

बिना थोपे कार्यकर्ता से अपनी बात मनवाने अथवा उसके मन के अनुकूल निर्णय देने की उनकी शैली का मुझसे जुड़े कई महत्त्वपूर्ण निर्णयों में हाथ था। इच्छा के विपरीत मेरा अभाविप में जाना, हाथ में आई प्राध्यापक की नौकरी छोड़ना, प्रचारक बनना तथा उस जीवन से लौटना ऐसे ही निर्णय थे।

सोहन सिंहजी प्रत्यक्ष संघ-कार्य की देखभाल तो करते ही थे, पर संघ परिवार के विविध संगठनों के कार्यों में भी पूरा ध्यान देते थे। अभाविप में मुझे एक ही वर्ष हुआ था, जब उन्होंने दिल्ली अभाविप को दिल्ली विश्वविद्यालय छात्रसंघ का चुनाव लड़ने के लिए प्रेरित किया। दो वर्षों तक उन्होंने इस संबंध में अभाविप का पूरा मार्गदर्शन किया तथा उसके लिए आर्थिक सहयोग भी करवाया। वर्ष 1969 में दिल्ली में अभाविप का दूसरा राष्ट्रीय अभ्यास वर्ग आयोजित किया गया। उसके लिए भी व्यवस्थाओं में और अर्थ संग्रह में सहयोग किया।

सोहन सिंहजी राजस्थान में बहुत लंबे समय तक रहे। तत्पश्चात् फिर से दिल्ली उनके कार्यक्षेत्र में सम्मिलित हुआ। मेरा-उनका संबंध फिर से तरोताजा हो गया। वे दिल्ली अभाविप में रुचि लेने लगे। इस बीच मुझे प्राध्यापक बने अनेक वर्ष हो गए थे तथा मैं दिल्ली विश्वविद्यालय के शिक्षक संगठन एन.डी.टी.एफ. में भी सक्रिय हो गया था। वे एन.डी.टी.एफ. में भी पूरी रुचि लेते थे।

उनके जीवन के अंत तक मेरा उनसे मिलना होता रहा। विजयादशमी

का दिन सोहन सिंहजी का जन्मदिन होता था। पिछले कुछ वर्षों में उनको जन्मदिन पर बधाई देने का भाव मेरे मन में आया था और दो-तीन बार मैंने ऐसा किया भी। वर्ष 2013 की विजयादशमी को उनकी आयु के 90 वर्ष पूर्ण हुए। इस अवसर पर उनको विशेष बधाई देने के लिए मैंने दिल्ली के एक-दो प्रमुख कार्यकर्ताओं से बात की तथा सबने मिलकर उस दिन एक विशेष आयोजन झंडेवाला कार्यालय में किया।

('प्रभात पेपरबैक्स' की 2016 में प्रकाशित पुस्तक 'महाव्रती कर्मयोगी प्रचारक सोहनसिंह' से)

□

श्री यशवंतराव केलकर : मेरे तृतीय गुरु, सच्चा प्रजातांत्रिक

यशवंतराव केलकर से मेरा परिचय लगभग 20 वर्ष पुराना था। अखिल भारतीय विद्यार्थी परिषद् (अभाविप) रूपी भवन के निर्माण में उन्होंने नींव के पत्थर की शब्दशः भूमिका निभाई। एक निस्स्वार्थी, निरहंकारी, प्रसिद्धिपराङ्मुख एवं पदलिप्सा-विहीन सामाजिक कार्यकर्ता का वे ज्वलंत उदाहरण थे। वे ऐसे व्यक्ति थे, जो अनवरत कार्यरत रहते हुए भी बाह्य जगत् के लिए अनजाने थे, जिनके व्यक्तित्व की छाप विद्यार्थी परिषद् संगठन के हर पहलू तथा उनके संपर्क में आनेवाले हर कार्यकर्ता में स्पष्ट दिखाई देती थी।

विद्यार्थी परिषद् के कार्य से मुझे कई बार बंबई जाने का अवसर मिलता था। दो-चार बार ऐसे प्रसंग आए कि केलकरजी, अन्य कुछ कार्यकर्ता और मैं एक स्थान से दूसरे स्थान को जा रहे थे। साथ चलनेवाले कार्यकर्ताओं के मन में यह विचार आता था कि हमें समय बचाने के लिए टैक्सी से यात्रा करनी चाहिए। पर सभी को यह भी लगता था कि श्री केलकरजी इस सुझाव को पसंद नहीं करेंगे। इसलिए हम चुपचाप बस स्टॉप या स्थानीय रेलवे स्टेशन की ओर चल पड़ते थे। श्री केलकरजी अति सामान्य व्यक्ति की तरह जीवन व्यतीत कर यह प्रभाव पैदा करते थे कि सामाजिक कार्यकर्ता कितने भी बड़े पद पर क्यों न हो, उसे यथासंभव कम खर्चीला होना चाहिए।

प्रायः मनुष्य स्वयं को बहुत योग्य एवं ज्ञानवान मानने लगता है और इस मानसिकता का प्रदर्शन करने से भी वह नहीं चूकता। श्री केलकरजी ने अपने

एक भाषण में मनुष्य के इसी दोष की ओर संकेत करने के लिए सुकरात की यह उक्ति सुनाई थी—The more I read, the more I know, how little I know. अर्थात् ज्ञान का भंडार इतना बड़ा है कि ज्ञान की वृद्धि के साथ ही मनुष्य को यह भी ज्ञान होता है कि उसका ज्ञान कितना कम है। मनुष्य को अपनी सीमाओं का ज्ञान करानेवाला इतना उद्बोधक संदेश मैंने श्री केलकरजी से ही सुना तथा वह मेरे मस्तिष्क-पटल पर सदा के लिए अंकित हो गया।

आजकल नारी समानता, नारी स्वातंत्र्य अथवा नारी मुक्ति आदि विषयों की प्राय: चर्चा होती रहती है। नारी को पुरुष से हीन मानने की भावना के विरोध हेतु उपर्युक्त विचार प्रस्तुत किए जाते हैं। श्री केलकरजी नारी को पुरुष के समान ही मानते थे। अभाविप में छात्र-छात्राओं की समान भागीदारी को प्रोत्साहित करने के पीछे श्री केलकरजी का यही विचार काम कर रहा था। परिषद् में न केवल छात्राओं की संख्या बढ़ रही है, अपितु आज अनेक पूर्णकालिक महिला कार्यकर्तृयाँ भी काम कर रही हैं। नारी संबंधी इस मान्यता की वास्तविक परीक्षा पुरुष के वैवाहिक जीवन में होती है, जब दैनंदिन जीवन में उसे पत्नी को बराबर मानकर व्यवहार करना पड़ता है। श्री केलकरजी का अपनी पत्नी के साथ ऐसा ही आदर्शपूर्ण व्यवहार रहता था। मुझे स्मरण है कि जब मेरा विवाह हुआ तब श्री केलकरजी ने मुझे एक पत्र में लिखा था—You should not take your wife for granted. नारी विषयक अपने चिंतन से मुझे उन्होंने इस वाक्य द्वारा प्रभावित कर दिया।

सामाजिक कार्य में मग्न व्यक्ति के मन में अनेक प्रश्न, शंकाएँ एवं उतार-चढ़ाव पैदा होते रहते हैं। इस कारण उसे बार-बार वार्त्तालाप एवं शंका-समाधान की आवश्यकता पड़ती है। श्री केलकरजी ने परस्पर बातचीत एवं पत्र-व्यवहार द्वारा सैकड़ों कार्यकर्ताओं की यह आवश्यकता भी पूरी की थी। मैंने प्राय: उन्हें किसी-न-किसी से वार्त्तालाप करते या लंबे पत्र लिखते देखा था। सामाजिक कार्यकर्ता को अनेक निजी एवं पारिवारिक प्रश्नों को भी हल करना पड़ता है। केलकरजी इन प्रश्नों को हल करने में भी कार्यकर्ता का उतना ही सहयोग करते थे जितना सामाजिक महत्त्व के प्रश्नों को हल करने में।

केलकरजी अति सामान्य दिखनेवाले एक असाधारण पुरुष थे। सिपाही के वेश में वे एक सेनापति थे। वे सेनापति इसलिए नहीं थे कि उन्हें इस पद पर नियुक्त किया गया था अपितु इसलिए थे, क्योंकि उनके संपर्क में आनेवाले कार्यकर्ता उन्हें ऐसा मानते थे और उन्होंने एक आदर्शवादी, त्यागमय व परिश्रमी जीवन अपनाकर सेनापति का नैतिक अधिकार अर्जित किया था। उनकी मान्यता थी कि सच्चा सेनापति अथवा नेता वही हो सकता है जिसके चरित्र में कोई दोष न हो और जो स्वयं के आदर्श से शेष लोगों को प्रभावित कर सके। वे मानते थे कि स्वस्थ एवं समृद्ध राष्ट्रजीवन तभी बन सकता है, जब व्यक्ति स्वयं के लिए नहीं, समाज के लिए जिए तथा दूसरों को उस मार्ग पर प्रेरित करने के लिए स्वयं का उदाहरण प्रस्तुत करे। भाषणों, लेखों अथवा समाज-सेवा के प्रदर्शन से यह लक्ष्य प्राप्त नहीं किया जा सकता।

केलकरजी ने पद एवं प्रसिद्धि की चकाचौंध से दूर रहते हुए राष्ट्रीय पुनर्निर्माण के कार्य में नींव के पत्थर की अक्षरशः भूमिका निभाई। सार्वजनिक जीवन में प्रायः व्यक्ति जितना छोटा होता है, उसकी उतनी ही बड़ी छवि निर्माण करने के प्रयास वह स्वयं अथवा उसके साथी करते हैं। जो सचमुच बड़े होते हैं, वे छवि बनाने का यत्न नहीं करते। केलकरजी भी ऐसे महान् व्यक्ति थे, जिन्होंने छवि बनाने के बजाय राष्ट्रसमर्पित जीवन जीने का मार्ग अपनाया तथा संपर्क में आनेवाले अनेक कार्यकर्ताओं को उस मार्ग पर प्रवृत्त किया। केलकरजी ने अपने बड़प्पन का कभी प्रदर्शन नहीं किया और न ही उसे दूसरों पर थोपने का प्रयास किया। 1985 में जब उनकी षष्टिपूर्ति मनाई गई तो स्थान-स्थान पर उन्होंने स्वयं के बारे में एक ही वाक्य दोहराया—'मैं मालिका का एक तंतु हूँ, सागर की एक बूँद हूँ।' उन्होंने आजीवन इस कथन को चरितार्थ किया। परंतु उनका हेतु मात्र तंतु अथवा बूँद बने रहना नहीं था। उन्होंने सोद्‌देश्य एवं सार्थक जीवन जिया। वे चाहते थे कि एक तंतु अथवा बूँद जैसे रहते हुए मनुष्य सामाजिक जीवन में मालिका एवं सागर जैसा प्रभाव निर्माण करे। ऐसे ही अनेक तंतुओं व बूँदों की श्रृंखला-निर्माण करना केलकरजी के जीवन का लक्ष्य था, जिसे सफलतापूर्वक उन्होंने प्राप्त किया।

अखिल भारतीय विद्यार्थी परिषद् के माध्यम से अनेक राष्ट्र-समर्पित निस्स्वार्थ सामाजिक कार्यकर्ताओं का निर्माण उन्होंने किया। विद्यार्थी परिषद् को एक छोटे से पौधे से बढ़ाकर विशाल वृक्ष बनाने में उनकी महती भूमिका रही।

केलकरजी एक कुशल संगठक थे। विभिन्न प्रतिभाओं एवं क्षमताओंवाले कार्यकर्ताओं की श्रृंखला उन्होंने खड़ी की। वे हर व्यक्ति को काम का मानते थे तथा उसके गुणों व स्वभाव के अनुसार संगठन में उसको सहभागी बनाते थे। वे कहते थे कि संगठन में हर व्यक्ति का स्थान है तथा उसका स्वागत होना चाहिए, परंतु कोई भी व्यक्ति संगठन के लिए अपरिहार्य नहीं होना चाहिए—Everyone is important, no one is indispensable. संगठन में कोई व्यक्ति अपरिहार्य बन जाए, इसे वे संगठन की कमजोरी मानते थे। इसलिए वे स्वयं की भूमिका भी इसी प्रकार बनाए रखते थे, अत: केलकरजी जहाँ एक कुशल संगठक थे, वहीं उन्होंने संगठन-निर्माण की व्यक्तिनिरपेक्ष पद्धति को सफलतापूर्वक स्थापित किया।

आज प्रजातंत्र की बहुत बातें की जाती हैं, परंतु अधिकांश सामाजिक संस्थाओं में या तो प्रजातांत्रिक पद्धति की अवहेलना की जाती है अथवा प्रजातांत्रिक अधिकारों के नाम पर लोग परस्पर गुटबाजी व आंतरिक संघर्षों में उलझ जाते हैं। केलकरजी एक निष्ठावान प्रजातांत्रिक थे। प्रजातांत्रिक पद्धति उनके लिए फैशनेबल आवरण नहीं था, बल्कि समाज और राष्ट्र की एकता स्थापित करने का सर्वाधिक उत्तम मार्ग था। वे मानते थे कि मनुष्यों का कोई भी संगठन किसी एक व्यक्ति के इर्दगिर्द खड़ा होगा तो उस व्यक्ति के अंत के साथ संगठन भी समाप्त हो जाएगा। अभाविप की कार्य-प्रणाली में प्रजातांत्रिक पद्धति, सामूहिकता एवं टीम भावना का समावेश केलकरजी के प्रयत्नों से ही हुआ।

केलकरजी का सदा यह प्रयत्न रहता था कि परिषद् की इकाइयों में नियमित बैठकें हों तथा सभी निर्णय सामूहिक रूप से किए जाएँ। परस्पर चर्चा, संवाद, बातचीत को वे हमेशा प्रोत्साहित करते थे। प्रजातांत्रिक पद्धति उनके लिए संवैधानिक अथवा तकनीकी अनिवार्यता कम, संगठन को प्रभावी

बनाने का माध्यम अधिक थी। वे मानते थे कि कोई भी सामाजिक संगठन तभी प्रभावी बन सकता है, जब उसके कार्यकर्ताओं की सोच समान हो तथा उनके बीच खुली बातचीत होती हो। ऐसे वार्त्तालाप के अधिकाधिक अवसर केलकरजी प्रयत्नपूर्वक निर्माण करते थे। वे कहते थे कि वार्त्तालाप सदा चलते रहना चाहिए और इसके लिए अनौपचारिक व औपचारिक व्यवस्थाओं की स्थापना संगठन में होनी चाहिए। कार्यकर्ताओं की अनौपचारिक चर्चा व बातचीत पर उनका विशेष बल रहता था, क्योंकि उन्हें लगता था कि औपचारिक रूप से निर्णय तभी अच्छे हो सकते हैं, जब उनके बारे में सविस्तर अनौपचारिक बातचीत हो चुकी हो। केलकरजी स्वयं कार्यकर्ताओं के साथ लंबी एवं व्यक्तिगत बातचीत किया करते थे। घंटों किसी कार्यकर्ता के साथ बातचीत करते हुए उन्हें प्रायः देखा जा सकता था। पत्र-व्यवहार को वे संवाद का एक सशक्त माध्यम मानते थे। उन्होंने जीवन में हजारों पत्र लिखे होंगे। उनके पत्र प्रायः लंबे होते थे। किसी का भी पत्र आए, उत्तर अवश्य देते थे। पत्रों के द्वारा कार्यकर्ताओं के प्रश्नों व जिज्ञासाओं के उत्तर तो वे देते ही थे, अनेक नए विषयों की चर्चा भी चलाते थे।

बैठकों में सबको बोलने का अवसर मिले, सबकी राय एक बन पाए, इसका केलकरजी विशेष ध्यान रखते थे। अपनी बात हमेशा वे थोड़े शब्दों में कहते थे। 1987 के मई मास में मैसूर के पास श्रीरंगपट्टणम में विद्यार्थी परिषद् के प्रमुख कार्यकर्ताओं की अखिल भारतीय संगठनात्मक विचार बैठक हुई। केलकरजी की यह अंतिम बैठक थी। संगठनशास्त्र के विभिन्न पहलुओं पर सबकी समझ और राय एक जैसी बन सके इस हेतु से बैठक बुलाई गई थी। उस त्रिदिवसीय बैठक का संपूर्ण संचालन केलकरजी को करना था। कई विषयों पर चर्चा हुई। किसी एक विषय की चर्चा शुरू होने से पहले कुछ मिनट केलकरजी उस विषय की प्रस्तावना करते थे। बाद में सब लोग उस पर चर्चा करते थे तथा अंत में कोई एक कार्यकर्ता विषय का समापन करता था। एक बार प्रस्तावना करने के बाद संपूर्ण चर्चा में केलकरजी प्रायः चुप रहते थे, जिससे अन्य लोगों को बोलने का अधिकाधिक अवसर प्राप्त हो। सबसे

वरिष्ठ व अनुभवी कार्यकर्ता होने अथवा बैठक के संचालक होने के बावजूद न तो वे लंबे वक्तव्य देकर सबको अपनी सोच व समझ से प्रभावित करते थे और न ही विषय की खुली चर्चा को रोकते थे।

केलकरजी के प्रजातांत्रिक होने का प्रमाण एक अन्य तरह से भी मिलता था। वे कभी अनमाँगी सलाह नहीं देते थे। व्यक्ति अपनी समझ से निर्णय ले, वह स्वयं समस्या का निदान सोचे, उसका आत्मविश्वास जाग्रत् हो—इन सब बातों को ध्यान में रखकर वे यथासंभव कार्यकर्ताओं को टोकते नहीं थे, उपदेश नहीं देते थे तथा सलाह भी संकोचपूर्वक देते थे। कोई मार्गदर्शन माँगे तो वे देते थे। अपनी सोच को अन्यों पर न लादना, केवल सुझाव अथवा निजी राय के रूप में अपनी बात प्रस्तुत करना संभवत: प्रजातांत्रिक होने का सबसे बड़ा प्रमाण होता है।

ऐसा प्रजातंत्र, जो संगठन को क्षीण बनाए, निर्णय प्रक्रिया को अवरुद्ध करे, कार्यकर्ताओं में विद्वेष पैदा करे और एकता स्थापित करने के बजाय फूट डाल दे, केलकरजी को अभिप्रेत नहीं था। इसलिए कोरी चर्चा, निरर्थक वार्त्तालाप अथवा कटुतापूर्ण संवाद को केलकरजी सदा निरुत्साहित करते थे। वे इस बात का ध्यान रखते थे कि मतभेद मनभेद न बन जाए। विचारों में भिन्नता होते हुए दूसरा व्यक्ति भी उतना ही प्रामाणिक हो सकता है जितना कि कोई स्वयं। अत: जहाँ व्यक्ति में अपनी सोच व समझ विकसित होनी चाहिए, वहीं दूसरों के विचारों को सुनने-समझने एवं स्वीकार करने की तत्परता भी होनी चाहिए। अपनी बात को सही सिद्ध करने का आग्रह जितना प्रबल होता है, उतनी ही प्रबल ईमानदारी से अपनी गलती भी स्वीकार करनी चाहिए। केलकरजी मानते थे कि व्यक्ति में यदि उपर्युक्त समझदारी पैदा हो जाए तो प्रजातांत्रिक प्रणाली में उसकी आस्था बढ़ती है, घटती नहीं। फिर प्रजातंत्र एक बोझ नहीं, सामूहिकता की अभिव्यक्ति का एक सशक्त माध्यम बनता है। राष्ट्र-जीवन को समृद्ध बनाने की इच्छा रखनेवाले को तब अपनी अपूर्णता व लघुता का आभास होता है तथा प्रजातांत्रिक-पद्धति का लाभ दिखाई देता है। प्रजातांत्रिक ढाँचे में स्वयं एक तंतु और बूँद बनने

में ही मनुष्य को जीवन की सार्थकता दिखाई देती है। केलकरजी ने ऐसा ही सार्थक जीवन जिया।

यह 1985 की बात है। विद्यार्थी परिषद् का 30वाँ अखिल भारतीय अधिवेशन पटना में संपन्न हो रहा था। अधिवेशन के अवसर पर घोषित की जानेवाली नई कार्यकारी परिषद् की सूचि की प्रति श्री बाल आपटे (परिषद् के वरिष्ठ कार्यकर्ता एवं अखिल भारतीय उपाध्यक्ष) बना रहे थे। उन्होंने ऐसे ही कहा कि आजकल मैं बहुत ही clerical काम करने लगा हूँ। श्री गोविंदाचार्य (परिषद् के दक्षिणी क्षेत्र संगठन मंत्री) ने तुरंत हँसते हुए पूछा, "क्यों, फिर केलकरजी क्या करते हैं?" गोविंदाचार्यजी का यह शरारत-भरा प्रश्न वास्तव में केलकरजी की एक और विशेषता को उजागर कर रहा था। गत 25 वर्षों में विद्यार्थी परिषद् के केंद्र कार्यालय से संबंधित सामान्य clerical काम जितना केलकरजी ने किया, उतना शायद अनेक कार्यकर्ताओं ने मिलकर भी नहीं किया था। विद्यार्थी परिषद् की बैठकों का विस्तृत विवरण अपनी डायरी में लिखने का कार्य केलकरजी अंत तक करते थे। यदि कभी किसी ने परिषद् के इतिहास पर शोध करना चाहा तो केलकरजी की डायरियाँ ही उसके लिए पर्याप्त होंगी।

'विद्यार्थी निधि' द्वारा 1988 में प्रकाशित स्मृतिग्रंथ 'यशवंत' से

□

श्री बालेश्वर अग्रवाल : धुनी एवं ध्येय समर्पित

श्री बालेश्वर अग्रवाल भारत के सार्वजनिक जीवन में सक्रिय उन थोड़े से लोगों में से एक हैं, जो किसी ध्येय अथवा उद्द्देश्य के लिए पूरा जीवन लगा देते हैं। ऐसे लोग विरले होते हैं जिन्हें सामान्य व्यक्ति की तरह न घर-गृहस्थी लुभाती है और न ही भौतिक सुख-सुविधाएँ। ऐसे व्यक्तियों को स्वार्थसिद्धि छूती भी नहीं और लक्ष्य की प्राप्ति के लिए वे दिन-रात एक करते हुए पूरा जीवन होम कर देते हैं। निस्संदेह बालेश्वरजी भी ऐसे ही एक विरले व्यक्ति हैं।

बालेश्वरजी ने ध्येय समर्पित जीवन की अपनी यात्रा राष्ट्रीय स्वयंसेवक संघ के आजीवन प्रचारक के रूप में प्रारंभ की, जिसके चार अध्याय रहे। प्रारंभ में कुछ वर्ष उन्होंने संघ का प्रत्यक्ष जमीनी कार्य किया। बाद में दीर्घकाल तक उन्होंने एक समाचार एजेंसी 'हिंदुस्थान समाचार' में पत्रकारिता की। हिंदुस्थान समाचार के कारण ही उन्हें विदेश यात्राएँ करने व प्रवासी भारतीयों को निकट से जानने का अवसर प्राप्त हुआ। 1978 के पश्चात् उनके जीवन के दो अध्याय साथ-साथ चले। जहाँ एक ओर उन्होंने 'युगवार्त्ता' नाम की लेख सेवा का संचालन किया वहीं दूसरी ओर 'अंतरराष्ट्रीय सहयोग परिषद्' रूपी पौधे को वट वृक्ष का रूप दिया। निश्चित ही अंतरराष्ट्रीय सहयोग परिषद् उनके जीवन की सबसे बड़ी कृति भी है और उपलब्धि भी, जिसके लिए उन्होंने व्यक्ति व साधन जुटाए,

उसकी पहचान बनाई और अंतरराष्ट्रीय मंच पर उसे एक प्रभावी संस्था के रूप में स्थापित किया।

बालेश्वरजी से मेरा परिचय लगभग 40 वर्ष पुराना है, पर उनसे मेरी निकटता 10-12 वर्ष पूर्व तब प्रारंभ हुई, जब मैं अंतरराष्ट्रीय सहयोग परिषद् का सदस्य व साथ ही उसकी कार्यकारिणी का सदस्य बना तथा अंतरराष्ट्रीय सहयोग परिषद् की विदेशी विद्यार्थियों से संपर्क संबंध बनाने की समिति का संयोजक बना। उसमें भी बालेश्वरजी के साथ मेरी और अधिक निकटता तब हुई, जब 2008-10 के बीच मैंने उनके साथ अंतरराष्ट्रीय सहयोग परिषद् के सचिव के रूप में कार्य किया।

उनके निकट आने पर उनके व्यक्तित्व के जिस पहलू ने मुझे सर्वाधिक प्रभावित किया, वह है उनकी सादगी व मितव्ययिता, जो उनके जीवन में पराकाष्ठा तक दिखाई देती है। एक बार मुझे उनकी शेविंग किट देखने का अवसर मिला। छोटा पुराना शीशा, सामान्य रेजर व ब्रश, पुरानी कैंची एवं कटोरी आदि, यह थी उनकी किट। निश्चित ही वर्षों से यही उनकी किट थी।

अंतरराष्ट्रीय सहयोग परिषद् के कार्यालय में ऐसे रद्दी कागजों, जो केवल एक ओर छपे अथवा लिखे होते हैं और दूसरी ओर खाली होते हैं, का भरपूर उपयोग करते बालेश्वरजी को सबने देखा है।

कुछ वर्ष पूर्व की बात है, जब बालेश्वरजी साउथ एक्सटेंशन में रहते थे और प्रतिदिन अंतरराष्ट्रीय सहयोग परिषद् के गोल मार्किट स्थित कार्यालय में आते थे। तब एक फाइल उनके पास रहती थी, जिसमें वे जरूरी कागज साथ लाते-ले जाते थे। मुझे कई बार उनके साथ साउथ एक्सटेंशन से कार्यालय आने का मौका मिलता था। मैंने पाया कि उनकी फाइल बहुत पुरानी और बदलने लायक हो गई थी। मैंने उन्हें जब फाइल बदलने का सुझाव दिया तो वे सहज नहीं माने। मेरे आग्रह करने पर ही उन्होंने फाइल बदली।

बालेश्वरजी के ध्येय समर्पित जीवन के दो-तीन पहलुओं का उल्लेख करना चाहूँगा—

एक, संस्थाहित के लिए उनका दिन-रात सक्रिय रहना। यद्यपि धीरे-धीरे उनका स्वास्थ्य क्षीण हो रहा है, पर फिर भी 91 वर्ष की आयु में भी वे यथासंभव सक्रिय हैं। दिन भर संस्थाहित का जो भी काम उन्हें सूझता है, उसे पूरा करने के लिए वे सक्रिय रहते हैं। आवश्यकतानुसार वे लोगों को फोन करते हैं, मिलने के लिए बुलाते हैं, उनसे आवश्यक चर्चा करते हैं व काम सौंपते हैं तथा कार्यालय स्टाफ को पत्र लिखवाते हैं व निर्देश देते हैं आदि।

दो, संस्थाहित में वे व्यक्तिगत संबंधों व व्यक्ति-मोह को कभी तरजीह नहीं देते। अनेक वर्षों से अंतरराष्ट्रीय सहयोग परिषद् से संबद्ध व्यक्तियों को वे संस्थाहित की तुला पर तोलते हैं और उसी अनुरूप उनसे संबंध रखते हैं।

तीन, संस्थाहित की धुन में वे कई बार असंतुलित व अव्यावहारिक भी हो जाते हैं। ऊपर उनकी जिस सादगी व मितव्ययिता का उल्लेख हुआ है, उसमें भी कई बार अतिवाद दिखाई देता है। मितव्ययिता की धुन में कई बार वे जायज खर्चों के लिए भी सहज तैयार नहीं होते। व्यक्तियों के साथ संबंधों में व्यक्ति की संवेदनाओं की उपेक्षा के अनुभव अंतरराष्ट्रीय सहयोग परिषद् में सक्रिय अनेक लोगों को मिलते रहते हैं। पर बालेश्वरजी की आयु व ध्येय समर्पण के आगे उनकी कठोरता किसी को खलती नहीं।

(अंतरराष्ट्रीय सहयोग परिषद् के संस्थापक श्री बालेश्वर अग्रवाल के सम्मान में प्रकाशित ग्रंथ हेतु लिखित मई 2012)

□

श्री धर्मेंद्र गुप्ता : मेरे प्रथम गुरु, मौन तपस्वी एवं कुशल संगठक

श्री धर्मेंद्र गुप्ता राष्ट्रीय स्वयंसेवक संघ रूपी भवन की नींव के पत्थर थे, जिन्होंने अपनी संपूर्ण शक्ति और प्रतिभा संघ के लिए समर्पित कर दी थी। एक मौन तपस्वी के रूप में जीवन भर संघ में उन्होंने विभिन्न दायित्व निभाए और विविध प्रकार से राष्ट्रीय सामाजिक जीवन में योगदान दिया। संभवत: अपने संपर्क और मार्गदर्शन से असंख्य कार्यकर्ता खड़ा करने में उनका सबसे बड़ा योगदान रहा। वास्तव में संघ कार्य का मूल तत्त्व भी यही है। संघ की विशेषता उसके विचार में उतनी नहीं है, जितनी कार्यकर्ता और संगठन खड़ा करने में है। धर्मेंद्रजी एक अत्यंत कुशल संगठक थे।

मेरा तो लगभग पूरा परिवार ही उनके संपर्क और मार्गदर्शन से लाभान्वित हुआ। मेरे पिताजी विभाजन से पूर्व के स्वयंसेवक और कार्यकर्ता थे और चाहते थे कि हम सभी छह भाई स्वयंसेवक बनें। मेरे एक चाचा थे। वे और एक को छोड़कर हम शेष भाई स्वयंसेवक बने और धर्मेंद्रजी के निकट संपर्क में आए और हमारे जीवन पर उनका विविध प्रकार से प्रभाव रहा।

जहाँ तक मेरा प्रश्न है, धर्मेंद्रजी सामाजिक जीवन के मेरे प्रथम गुरु थे। शिशुकाल से तरुणावस्था तक मैं उनके मार्गदर्शन में कार्यकर्ता बना। आज मेरे लिए तुरंत यह स्मरण कर पाना भी कठिन हो रहा है कि किस-किस रूप में मैं उनसे प्रभावित हुआ। इतना अवश्य स्मरण है कि वे मेरे अधिकारी थे और मैं उनका बहुत आदर करता था।

पर मेरे जीवन का एक प्रसंग ऐसा है, जिसके अकेले के कारण ही मैं उन्हें कभी नहीं भूलूँगा। यह वह प्रसंग है, जिससे मुझे निजी जीवन में बहुत बड़ा लाभ हुआ और जिसने धर्मेंद्रजी को दूरद्रष्टा और मार्गदर्शक सिद्ध कर दिया।

प्रसंग ऐसा था कि मुझे कॉलेज में प्रवेश लेना था। चूँकि स्कूल में मैं विज्ञान का विद्यार्थी था, इसलिए सहज ही आगे विज्ञान की धारा में जाने का मैंने सोचा। मेरे अंक ऐसे थे कि मुझे बी.एस-सी. (सामान्य) में प्रवेश मिलता। धर्मेंद्रजी ने मुझे राय दी कि मैं बी.ए. अर्थशास्त्र (विशेष) में प्रवेश लूँ। विज्ञान से अर्थशास्त्र की धारा में जाना मुझे अटपटा और असंभव लगा, परंतु उनके समझाने से मैं मान गया। मेरे लिए वह निर्णय बहुत ही भाग्यशाली रहा। मैंने अर्थशास्त्र में बी.ए. और एम.ए. किया और अच्छे अंक भी पाए। एम.ए. करते ही मुझे प्राध्यापक की नौकरी मिल गई।

मुझे लगता है कि विज्ञान की धारा में जाने पर मैं अधिक-से-अधिक स्कूल अध्यापक ही बन पाता। जीवन के एक महत्त्वपूर्ण चौराहे पर मुझे सही दिशा धर्मेंद्रजी ने दिखाई, इसके लिए मैं उनका ऋणी हो गया। पता नहीं कि यह ऋण उतार पाऊँगा कि नहीं।

(श्री धर्मेंद्र गुप्ता दिल्ली के चाँदनी चौक क्षेत्र के संघ अधिकारी तथा दिल्ली सरकार में कार्यरत वरिष्ठ अधिकारी थे)

(श्रद्धांजलि पुस्तिका' से, सितंबर 2000)

□

राष्ट्र, समाज, राजनीति

एकात्म मानववाद : एक सरल व्याख्या

मनुष्य जीवन का अध्ययन करने पर हम पाते हैं कि सुख-प्राप्ति मनुष्य की सहज अभिलाषा होती है। प्रश्न उठता है कि सुख-प्राप्ति कैसे होती है? रोटी, कपड़ा और मकान मनुष्य के सुख के लिए परमावश्यक माने जाते हैं। उसी में शिक्षा व स्वास्थ्य की सुविधाएँ आदि भी जोड़ लें तो कह सकते हैं कि अनेक भौतिक पदार्थों व सेवाओं से मनुष्य को सुख प्राप्त होता है। ऐसे सुख को शारीरिक सुख कहा जाता है।

पर क्या मनुष्य की सुख-प्राप्ति की अभिलाषा इतने तक सीमित रहती है? प्राचीन भारतीय चिंतन के अनुसार मनुष्य केवल एक शरीर नहीं होता, अपितु उस शरीर में मन, बुद्धि व आत्मा भी वास करते हैं। वह चिंतन कहता है कि मनुष्य को मन, बुद्धि व आत्मा के सुख की भी चाह रहती है, जिसका अर्थ है कि मनुष्य को चार प्रकार के सुखों की आवश्यकता अनुभव होती है। चारों प्रकार की सुख-प्राप्ति की मनुष्य की अभिलाषा को प्राचीन काल से भारत के चिंतकों एवं विचारकों ने न केवल पहचाना, अपितु उनकी प्राप्ति का मार्ग भी सुझाया। मनुष्य को यह ज्ञान दिया कि वह चार पुरुषार्थों (प्रयत्नों) के द्वारा चारों सुखों को प्राप्त कर सकता है।

चार पुरुषार्थ हैं—धर्म, अर्थ, काम एवं मोक्ष। कहा गया कि मनुष्य यदि धर्म, अर्थ, काम, मोक्ष को प्राप्त करने का ठीक से प्रयत्न करे तो उसे सभी सुख प्राप्त हो जाएँगे। प्रत्येक सुख के लिए कोई-न-कोई पुरुषार्थ आवश्यक माना गया। मोटे तौर पर शरीर के लिए अर्थ तो मन के लिए काम तथा बुद्धि

के लिए धर्म तथा आत्मा के लिए मोक्ष को आवश्यक माना गया। प्राचीन चिंतन के अनुसार एक सामान्य व्यक्ति क्रमशः शरीर, मन, बुद्धि व आत्मा के सुखों की अभिलाषा करता है, जबकि वरीयता क्रम में उसे आत्मा, बुद्धि, मन व शरीर को महत्त्व देना चाहिए तथा तदनुरूप मोक्ष, धर्म, काम व अर्थ के पुरुषार्थों पर बल देना चाहिए।

आगे बढ़ने से पहले एक व्यक्ति की सुख की चाह का थोड़ा विश्लेषण करें। मनुष्य के शारीरिक सुख का प्रारंभ में थोड़ा वर्णन किया गया। रोटी, कपड़ा, मकान, शिक्षा व स्वास्थ्य की सुविधाओं के साथ ही मनुष्य को कामवासना की तृप्ति भी चाहिए होती है। जब मनुष्य की ये आवश्यकताएँ पूरी हो जाती हैं तो उसकी मानसिक सुख की अभिलाषा प्रारंभ हो जाती है। यह सुख व्यक्ति को स्वादिष्ट रोटी, बढ़िया कपड़ा और मकान आदि तथा मनोरंजन, यातायात आदि की सुविधाओं तथा पारिवारिक व सामाजिक सुख-शांति से प्राप्त होता है।

पर क्या मनुष्य की सुख की चाह यहाँ रुक जाती है? चूँकि मनुष्य के पास बुद्धि भी होती है, इसलिए वह बौद्धिक सुख की ओर प्रवृत्त होता है। बुद्धि अर्थात् सोचने-विचारने की शक्ति। जन्म लेने के बाद ज्यों-ज्यों मनुष्य की आयु बढ़ती है, त्यों-त्यों वह अपने आसपास की और विस्तृत परिस्थिति को न केवल देखता है, अपितु उसका विश्लेषण भी करता है। ज्ञान-विज्ञान, इतिहास, सही-गलत, उचित-अनुचित व नैतिकता आदि को जानने समझने का मनुष्य बौद्धिक प्रयास करता है। मनुष्य के मन में कई प्रश्न आते हैं, जिनका वह उत्तर खोजने लगता है। सही उत्तर पाने व निष्कर्ष तक पहुँचने से उसे बौद्धिक सुख मिलता है।

उपर्युक्त तीनों सुख प्राप्त करने के बाद भी प्रायः मनुष्य को एक और सुख की चाह रहती है—आत्मा का सुख। आत्मा का सुख अर्थात् परमात्मा की प्राप्ति। हम प्रायः देखते हैं कि प्रभु, परमेश्वर, भगवान् अथवा परमात्मा को खोजने तथा उसके दर्शन (उसकी अनुभूति) की चाह भी मनुष्य में विद्यमान रहती है। जब यह चाह पूरी हो जाए तो मनुष्य को आत्मा का सुख मिल जाता है।

अब थोड़ी चर्चा पुरुषार्थों की। अर्थ अर्थात् अर्थार्जन, अर्थात् धन-संपत्ति की प्राप्ति। काम अर्थात् चित्त को प्रसन्न करनेवाली तथा कामनाओं, वासनाओं, इच्छाओं और भावनाओं की तृप्ति की स्थिति। धर्म अर्थात् कर्तव्य एवं विवेक के मार्ग पर चलना तथा शुभ-अशुभ, नैतिक-अनैतिक, वांछनीय-अवांछनीय में अंतर करते हुए शुभ, नैतिक व वांछनीय को प्राथमिकता देना। मोक्ष अर्थात् आत्मा का परमात्मा में विलीनीकरण।

भारतीय चिंतन में चारों सुखों को मोटे तौर पर दो वर्गों में समझने का प्रयास हुआ है—भौतिक एवं आध्यात्मिक सुख। शारीरिक सुख भौतिक की परिधि में आता है तथा आत्मिक सुख आध्यात्मिक की परिधि में। मानसिक व बौद्धिक सुख भौतिक भी हो सकते हैं और आध्यात्मिक भी।

भौतिक सुखों को समझना कठिन नहीं है। हम प्रतिदिन के व्यवहार में उनका अनुभव लेते हैं। आध्यात्मिक सुख को समझना भी कठिन है और मन तथा बुद्धि उसे सहज स्वीकर नहीं कर पाते। प्रसिद्ध चिंतक श्री दत्तोपंत ठेंगड़ी वांछनीय जीवन-रचना और जीवन-मूल्यों की आवश्यकता के संदर्भ में कहते हैं—"भौतिक और अभौतिक जीवन-मूल्यों की एक सार्वलौकिक व्यवस्था की जाए ('पूर्णतया आध्यात्मिक पद्धति' शब्द का प्रयोग नहीं कर रहा हूँ)।" (लोकहित प्रकाशन, लखनऊ द्वारा प्रकाशित पुस्तिका 'एकात्म मानव दर्शन एक अध्ययन')।

व्यक्तित्व के चार पक्षों—शरीर, मन, बुद्धि व आत्मा तथा चार पुरुषार्थों—धर्म, अर्थ, काम व मोक्ष के परिप्रेक्ष्य में विचार करने पर हमें शरीर, मन व बुद्धि की आवश्यकताओं तथा अर्थ और काम के पुरुषार्थों का महत्त्व सहज समझ आ जाता है। परंतु धर्म को समझना और स्वीकारना सहज संभव नहीं होता और आत्मिक सुख व मोक्ष के पुरुषार्थ को समझना एवं स्वीकारना और भी कठिन होता है।

यहाँ मन और बुद्धि हमारे सहायक सिद्ध होते हैं। वैसे तो धर्म को कई प्रकार से व्याख्यायित किया गया है, परंतु एक शब्द में उसे व्यक्त करना हो तो वह है कर्तव्य। हमारा मन और हमारी बुद्धि कर्तव्य को देर-सवेर वांछनीय

मान लेते हैं। परंतु आत्मा और मोक्ष का विषय हमारे लिए कठिनाई उत्पन्न करता है।

पंडित दीनदयाल उपाध्याय द्वारा प्रतिपादित एकात्म मानववाद में सदा सर्वदा से चली आई मनुष्य की सुख-प्राप्ति की आकांक्षा का सटीक विश्लेषण किया गया है। संभवत: किसी महान् चिंतक के विचारों को समझने के लिए इतिहास के उस दौर को समझना भी आवश्यक होता है, जिसमें से वह चिंतक प्रत्यक्ष गुजरा हो। दीनदयाल उपाध्यायजी का जन्म 1916 में हुआ। लगभग 31 वर्ष का उनका जीवन भारत में अंग्रेजी शासन के अंतर्गत बीता। स्वाधीनता प्राप्ति के 17 वर्ष पश्चात् उन्होंने 'एकात्म मानववाद' का चिंतन देश के समक्ष प्रस्तुत किया। कह सकते हैं कि उनके चिंतन पर जहाँ अंग्रेजी शासन से जुड़ी परिस्थितियों का प्रभाव था, वहीं स्वाधीन भारत की आकांक्षाओं को भी वे अभिव्यक्त करना चाहते थे।

परंतु दार्शनिक एवं चितंक केवल तात्कालिक संदर्भों से प्रभावित होकर अपने विचार प्रगट नहीं करते। वे जहाँ पूरे भूतकाल का आकलन करते हैं, वहीं दूरगामी भविष्य के मद्देनजर अपना चिंतन प्रस्तुत करते हैं। 'एकात्म मानववाद' के दो शब्दों में व्यक्त दीनदयालजी का चिंतन जहाँ भारत एवं विश्व के भूतकाल का विश्लेषण करता है, वहीं दोनों के भविष्य हेतु कल्याणकारी मार्ग भी प्रशस्त करता है।

पहले भूतकाल की बात करें। यहाँ भारत में प्राचीन काल से चली आई संस्कृति तथा लगभग 20-25 हजार वर्षों के ज्ञात इतिहास के संदर्भ में स्वतंत्रता पूर्व के उन 300-400 वर्षों पर दृष्टिपात करना होगा, जब भारत सहित विश्व के अनेक भागों में यूरोपीय देशों का वर्चस्व था। हमने सुना ही है कि अंग्रेजों का साम्राज्य इतना बड़ा था कि उसमें सूरज नहीं डूबता था। 3-4 सौ वर्षों में की गई वैज्ञानिक प्रगति, औद्योगिक क्रांति तथा विश्व के एक बड़े भाग पर प्रशासनिक आधिपत्य के कारण यूरोपीय देशों में भौतिक संपन्नता शिखर पर पहुँच गई थी जिसके कारण यूरोपीय समाज को भौतिक सुख पर्याप्त रूप से प्राप्त हो रहे थे, जबकि आध्यात्मिक सुख से वह कोसों दूर था।

दूसरे शब्दों में कहें तो भौतिकतावाद यूरोप में शिखर पर था और अध्यात्म तलहटी में। चूँकि यूरोप विश्व में छाया हुआ था, इसलिए भौतिकतावाद भी विश्व के लिए अभिप्रेत माना जाने लगा था।

परंतु प्राचीन भारतीय चिंतन ठीक इससे उल्टा था। उसमें अध्यात्म शिखर पर और भौतिकतावाद उसके बाद रखा जाता था। दीनदयाल उपाध्यायजी ने ऐसी परिस्थिति के दौरान प्राचीन भारतीय चिंतन के अध्ययन के आधार पर स्वाधीन भारत व संपूर्ण विश्व के भविष्य के लिए 'एकात्म मानववाद' के मार्ग का अनुमोदन किया। दीनदयालजी ने कोई नई बात नहीं की। उन्होंने प्राचीन भारतीय चिंतन के अनुरूप दो सटीक शब्दों में भावी राह दिखाई। 'एकात्म मानव' अर्थात् शरीर, मन, बुद्धि व आत्मा से युक्त मानव, जिसे टुकडों में देखने की बजाय एकात्म रूप में देखना चाहिए। यद्यपि तात्कालिक प्रचलित विचारधाराओं के प्रभाव में दीनदयालजी ने 'मानवतावाद' शब्द का प्रयोग किया, पर उनको भलीभाँति जानने वाले मानते हैं कि उनके 'मानवतावाद' को 'मानव दर्शन' के शब्दों में व्यक्त करना अधिक उपयुक्त होगा अर्थात् दीनदयालजी ने 'एकात्म मानव दर्शन' का प्रतिपादन किया।

यहाँ प्रश्न खड़ा होता है कि अध्यात्म को भौतिकतावाद पर वरीयता क्यों दी गई, विशेषकर जब आत्मा, परमात्मा व मोक्ष आदि कपोल-कल्पना लग सकते हैं। शरीर, मन, बुद्धि की भौतिकतावादी संतुष्टि की आवश्यकता हम प्रतिदिन अनुभव करते हैं और उसे जीवन का यथार्थ मानते हैं, जबकि मन व बुद्धि हमें आत्मा व परमात्मा के अस्तित्व पर प्रश्न खड़ा करने पर प्रवृत्त करते हैं। परंतु यही मन व बुद्धि हमें उल्टी अर्थात् सही दिशा में भी ले जाते हैं।

आत्मा क्या होती है, वह मनुष्य में होती भी है कि नहीं, परमात्मा यथार्थ है या कपोल-कल्पना, मोक्ष की प्राप्ति कैसे होती है और होती भी है कि नहीं आदि सब ऐसे विषय हैं, जिन पर यह लेखक अधिकारपूर्वक टिप्पणी नहीं कर सकता। परंतु एक सामान्य व्यक्ति को समझ में आ जाए, इतना विश्लेषण अवश्य किया जा सकता है। इस संबंध में मन और बुद्धि हमारी सहायता करते हैं। दोनों ही कभी ईश्वर को स्वीकार करते हैं, कभी नहीं। स्वीकार और

अस्वीकार हम इसलिए करते हैं, क्योंकि दोनों ही के लायक ज्ञान और अनुभव हमारे पास नहीं होता। प्रकृति, ब्रह्मांड, विश्व, मानवता, इतिहास, ज्ञान-विज्ञान आदि की विशालता के संदर्भ में हमारी बुद्धि किसी निचोड़ पर नहीं पहुँच पाती। कठिनाई इसलिए पैदा होती है, क्योंकि हमारा मुनष्य जीवन कुछ वर्षों का होता है, जिसमें सारे प्रयत्नों के बावजूद हम न पूर्ण ज्ञान प्राप्त कर पाते हैं और न ही अनुभव। साथ ही हमारे साथ ऐसा बहुत कुछ होता है, जिसे हम न तो समझ पाते हैं और न ही विश्लेषित कर पाते हैं। इसलिए जो मनुष्य की समझ और पहुँच से बाहर होता है उसे या तो हम ईश्वर की लीला कहते हैं या भाग्य का खेल।

मनुष्य का ज्ञान, चिंतन व अनुभव जहाँ जाकर रुक जाते हैं, वहीं से भाग्य अथवा ईश्वर का अस्तित्व प्रारंभ हो जाता है। इसलिए हमें अधिकांश व्यक्तियों के जीवन में यह दिखाई देता है कि वे किसी गुरु, पंथ, देवी-देवता, पूजा-स्थल, पूजा-पद्धति आदि में आस्था रखते हैं तथा परमेश्वर के अस्तित्व को स्वीकारें अथवा नहीं, भाग्य को अस्वीकार नहीं कर सकते। संभवतः सामान्य व्यक्ति के लिए भाग्य ही ईश्वर होता है, जिसे मनुष्य अस्वीकार करने की बजाय स्वीकार करना अधिक योग्य समझता है।

पर भारत में आत्मा और ईश्वर के अस्तित्व में पूर्ण आस्था रखने वाले लोग भी पर्याप्त मात्रा में हैं। ऐसा भारत में हुए ऋषि-मुनियों, साधु-संतों, गुरुओं एवं जिज्ञासुओं की प्रदीर्घ शृंखला के कारण संभव हुआ है।

(वर्ष 2015 के आसपास लिखा गया)

□

हिंदू शक्ति एवं राष्ट्रीय स्वयंसेवक संघ

हिंदू शक्ति के उदय में राष्ट्रीय स्वयंसेवक संघ की महत्त्वपूर्ण भूमिका रही है। संघ की स्थापना सन् 1925 में हुई। संघ ने यह आग्रहपूर्वक प्रतिपादित किया कि भारत हिंदू राष्ट्र है तथा भारत को महान् बनाने के लिए हिंदुत्व का अभिमान जगाना होगा। विगत 62 वर्षों के कार्यकाल में संघ ने विभिन्न प्रकार से हिंदुत्व की प्रतिष्ठा स्थापित करने में अभूतपूर्व सफलता पाई है। संघ ने यह कैसे किया, इसे जानने के लिए पहले यह जानना आवश्यक है कि हिंदू की परिभाषा क्या है और किस प्रकार की हिंदू शक्ति संघ खड़ी करना चाहता है? यह जानना इसलिए महत्त्वपूर्ण है, क्योंकि संघ पर तरह-तरह के लाँछन लगाकर उसे संकुचित एवं सांप्रदायिक सिद्ध करने का एक निरंतर प्रयास इस देश में चलता रहा है।

वैसे हिंदू की परिभाषा एकदम सरल नहीं है। मोटे तौर पर हिंदू की तीन परिभाषाएँ की जाती हैं—1. संप्रदाय (रिलीजन) के रूप में, 2. राष्ट्रीयता के रूप में तथा 3. जीवनदर्शन के रूप में। प्राय: लोग हिंदुत्व को एक पंथ अथवा संप्रदाय मानते हैं। यह हिंदू की सबसे संकीर्ण व्याख्या है। परंतु ध्यान से देखने पर पता चलता है कि इस संकीर्ण व्याख्या के अंतर्गत भी यह निर्धारित करना कठिन हो जाता है कि किस देवी-देवता, ग्रंथ, महापुरुष के अनुयायी अथवा किस पूजा स्थान को अपनानेवाले को हिंदू कहा जाए। सनातनी, आर्यसमाजी, शैव, वैष्णव, बौद्ध, जैन, ब्रह्मसमाजी, सिख, निरंकारी आदि सभी पंथ हिंदू माने जाते हैं। भारत के संविधान में भी ईसाई, मुसलमान व पारसी आदि को

छोड़कर शेष सभी को हिंदू माना गया है। इस परिभाषा के अनुसार हिंदू एक पंथ का परिचायक नहीं अपितु ऐसे सभी पंथों का परिचायक है, जिनका निर्माण भारत में हुआ था।

हिंदू की दूसरी व्याख्या राष्ट्रवादी व्याख्या है। इसके अनुसार प्रत्येक भारतीय नागरिक हिंदू है तथा हिंदू और भारतीय समानार्थक शब्द हैं। यद्यपि सामान्य व्यक्ति इस व्याख्या को नहीं समझता, परंतु, इतिहास एवं भाषा की दृष्टि से यह सबसे सही व्याख्या है।

हिंदू शब्द की उत्पत्ति ही राष्ट्रवाचक शब्द के रूप में हुई है। भाषाविदों एवं इतिहासकारों के अनुसार हिंदू शब्द सिंधु का अपभ्रंश है तथा सिंधु पर्वत के दक्षिण में रहने वाले हिंदू कहलाते थे। भारतीय को हिंदुस्तानी कहने की प्रथा तो आज भी सर्वव्यापक है। विश्व के अनेक भागों में भारतीय को हिंदू कहने की प्रथा अभी भी विद्यमान है। संघ ने हिंदू की इस परिभाषा पर विशेष बल दिया है।

हिंदू की तीसरी एवं सबसे उदार व्याख्या एक जीवनदर्शन को माननेवाले के रूप में है। कुछ विशेष मान्यताओं, नैतिकताओं के आधार पर जीवन यापन करनेवाले को हिंदू माना जाता है। इस व्याख्या के अनुसार ईश्वर की सत्ता को न माननेवाला भी हिंदू हो सकता है। सभी जीवों में परमात्मा का अंश है, वसुधैव कुटुंबकम्, एकं सद् विप्राः बहुधा वदंति के उद्‍घोष पर आधारित, सभी पंथों को समान आदर देनेवाले एक आध्यात्मिक जीवन दर्शन के रूप में इस व्याख्या में हिंदू को परिभाषित किया जाता है।

जहाँ पहली व्याख्या के अनुसार हिंदू एक पंथ समूह का परिचायक है, वहाँ दूसरी व्याख्या के अनुसार वह राष्ट्रीयता का परिचायक है तथा तीसरी व्याख्या के अनुसार वह देश और राष्ट्र की सीमाओं के परे एक विश्वस्तरीय जीवन दर्शन है। यद्यपि तीनों व्याख्याएँ अंतर्विरोधी नहीं हैं, तो भी अलग-अलग लोग किसी एक परिभाषा पर अधिक बल देते हैं तथा दूसरी पर कम। तीनों परिभाषाओं को समाहित करनेवाली हिंदू की व्याख्या इस प्रकार बनती है—भारत में निर्माण हुए पंथों के अनुयायी जो प्रायः भारत

के निवासी हैं तथा जिनके जीवन-दर्शन में संपूर्ण विश्व के कल्याण की कल्पना की गई है।

परंतु जैसा कि ऊपर कहा गया है, आज हिंदू की तीन विभिन्न परिभाषाएँ की जाती हैं। इसमें से भी पहली दो परिभाषाओं में अधिक अंतर दिखाई देता है। इसके लिए अनेक ऐतिहासिक कारण जिम्मेदार हैं। पहले मुगलों व बाद में अंग्रेजों का भारत में शासन, बड़ी संख्या में हिंदुओं को मुसलमान बनाया जाना, मुस्लिम पंथ की असहिष्णुता, अंग्रेजों व मुस्लिम नेताओं की सांप्रदायिक राजनीति आदि के कारण आज एक पंथ समूह के अनुयायी को ही हिंदू माना जाता है।

जहाँ तक राष्ट्रीय स्वयंसेवक संघ का प्रश्न है, उसने हिंदू की राष्ट्रवादी व्याख्या पर बल दिया है। यही हिंदू की शास्त्र सम्मत और ऐतिहासिक परिभाषा है, इसके अनुसार हिंदू और भारतीय पर्यायवाची शब्द हैं तथा भारत को अपना राष्ट्र माननेवाला हर व्यक्ति हिंदू है। इस व्याख्या के अनुसार वे सब मुसलमान, ईसाई अथवा पारसी आदि भी हिंदू हैं जो भारत के प्रति असंदिग्ध राष्ट्रभक्ति का भाव रखते हैं। पंडित दीनदयाल उपाध्याय ने भारतीय मुसलमानों को 'मोहम्मदी हिंदू' कहा था।

संघ का मुख्य उद्देश्य भारत के नागरिकों में राष्ट्रीय व सामाजिक भाव को प्रबल बनाना है। अतः जब संघ हिंदू संगठन की बात करता है, तब वह हिंदू की सर्वसमावेशक राष्ट्रीय परिभाषा पर बल देता है, जो न मुस्लिम विरोधी है और न ही ईसाई विरोधी। हाँ, पंथ के नाम पर की जाने वाली राष्ट्रविरोधी किसी भी गतिविधि का संघ डटकर विरोध करता है। इसी कारण 1947 में हुए देश विभाजन को भी संघ गलत मानता है तथा भारत को पुनः अखंड बनाने की आकांक्षा रखता है। आज एक हिंदू पंथ (सिख पंथ) के नाम पर की जा रही राष्ट्रविरोधी गतिविधियों का भी संघ उतना ही विरोधी है जितना कि वह 1947 से पूर्व की गई राष्ट्रविभाजक मुस्लिम गतिविधियों का था। परंतु इसका यह अर्थ नहीं है कि संघ संपूर्ण सिख समाज अथवा मुस्लिम या ईसाई समाज को राष्ट्रविरोधी मानता है, यद्यपि संघ इस निर्विवाद सत्य को कहने से नहीं

चूकता कि मुस्लिम एवं ईसाई समाज में पंथ की राजनीति करते हुए कुछ लोग इन समाजों को राष्ट्र की मुख्यधारा से पृथक् रखने के प्रयत्न में लगे हुए हैं। ऐसे तत्त्वों को बेनकाब करने का काम भी एक दिन संघ को करना होगा। अभी तक संघ का ध्यान प्रचलित अर्थों में हिंदू कहलानेवालों पर ही केंद्रित रहा है, परंतु सामान्यत: जो हिंदू नहीं कहलाते और इस देश के नागरिक हैं, उनमें भी राष्ट्रभक्ति का भाव प्रबल करने का कार्य संघ अवश्य करेगा।

अत: संघ द्वारा अपनाई गई हिंदू की परिभाषा न तो सांप्रदायिक है और न ही संकुचित। संघ विभिन्न पंथों की प्रतिस्पर्धा अथवा किन्हीं विशेष पंथों के अनादर में विश्वास नहीं करता। न ही पंथों की राजनीति में उसकी रुचि है। धर्म को अफीम मानने वाले अथवा अल्पसंख्यक राजनीति करनेवाले व अल्पसंख्यकों के वोट बैंक पर नजर रखनेवाले या संघ को राजनीतिक दृष्टि से असुविधाजनक पानेवाले लोग ही संघ पर ऐसे मिथ्या आरोप लगाते रहते हैं।

हिंदू शक्ति निर्माण करने का अर्थ संघ के लिए राष्ट्रवाद व भारतीयता को सुदृढ़ बनाना है। भारत एक अति प्राचीन व महान् राष्ट्र रहा है, जिसे अपनी अस्मिता को पहचानते हुए एक सबल व समृद्ध राष्ट्र के रूप में फिर से खड़ा होना है—इस मंत्र को प्रत्येक भारतीय तक पहुँचाना ही संघ का उद्‌देश्य है। भारत के पास अपना इतना कुछ है कि एक समर्थ राष्ट्र बनने के लिए उसे किसी और का मुँह देखने की आवश्यकता नहीं—इस प्रकार का आत्मविश्वास प्रत्येक भारतीय के मन में पैदा हो, यह संघ चाहता है। आज तक का संघ का इतिहास यह बताता है कि संघ यह भावना जाग्रत् कर पाने में समर्थ सिद्ध हुआ है। संघ के हजारों प्रचारक, कार्यकर्ता व लाखों स्वयंसेवक आज संपूर्ण देश में असंदिग्ध राष्ट्रभक्ति की ज्वलंत प्रतिमा बन गए हैं। उत्तर से दक्षिण व पूर्व से पश्चिम तक सभी प्रांतों व सभी क्षेत्रों में आज संघ की शाखाओं में प्रतिदिन राष्ट्रभक्ति के संस्कार प्रदान किए जाते हैं। आजीवन सामाजिक कार्य करनेवाले निस्स्वार्थ राष्ट्रभक्तों की एक बहुत बड़ी श्रृंखला संघ ने निर्माण की है। देश में किसी प्रकार का संकट पैदा हो जाए तो संघ के कार्यकर्ता सबसे पहले उसके निवारण के लिए एकजुट हो जाते हैं।

उपर्युक्त कार्य मात्र संघ की शाखाओं में ही नहीं हो रहा, अपितु संघ के समर्थन से चलने वाले अनेकानेक अन्य संगठनों के माध्यम से भी हो रहा है। संभवतः समाज जीवन का कोई भी ऐसा क्षेत्र नहीं होगा जहाँ, देशभक्ति एवं निस्स्वार्थ सेवा की अलख जगाने संघ के स्वयंसेवक नहीं पहुँचे होंगे। शिक्षा का क्षेत्र हो अथवा सेवा का काम, वनवासियों के कल्याण का क्षेत्र हो अथवा मजदूर, किसान व विद्यार्थियों को संगठित करने का काम- संघ के स्वयंसेवक सभी ऐसे कार्यों में अग्रणी भूमिका अदा कर रहे हैं। अध्यात्म, राजनीति, साहित्य, शोध, पत्रकारिता, इतिहास लेखन, ग्राहक सेवा आदि विभिन्न क्षेत्रों में भी संघ के स्वयंसेवक प्रभावी ढंग से काम कर रहे हैं। विदेशों में रहनेवाले हिंदुओं व भारतीयों को संगठित करने तथा भारत की अंतरराष्ट्रीय छवि सुधारने का काम भी संघ ने सफलतापूर्वक किया है। भारत के सुदूर दक्षिण में कन्याकुमारी में विवेकानंद शिला स्मारक निर्माण करने में संघ का अद्वितीय योगदान रहा है। महिलाओं को सामाजिक कार्य में उद्यत करने का कार्य 'राष्ट्रसेविका समिति' के माध्यम से हो रहा है। संपन्न एवं प्रबुद्ध नागरिकों को समाजोपयोगी कार्यों में प्रवृत्त करने का कार्य 'भारत विकास परिषद्' द्वारा किया जा रहा है। संपूर्ण देश में अनेक पत्र-पत्रिकाएँ संघ विचार के प्रतिपादन में लगी हुई हैं। कला, फिल्म, संगीत, नाटक आदि के क्षेत्र में भी संघ ने प्रवेश किया है।

अतः संघ शाखाओं के देशव्यापी जाल एवं संघ स्वयंसेवकों द्वारा सामाजिक जीवन के सभी क्षेत्रों में सक्रिय भूमिका के माध्यम से संघ ने देशभक्ति, राष्ट्रीय स्वाभिमान एवं सामाजिक दायित्व की भावना को प्रबल बनाने का कार्य सफलतापूर्वक संपन्न किया है। यह कार्य और अधिक गति से हो, यही संघ का प्रयास है। राष्ट्रीय भावना को सुदृढ़ करना ही संघ के लिए हिंदू शक्ति निर्माण करना है।

(1987 में लिखित)

□

आदर्शवाद और भारतीय राजनीति

अवसरवादी, पदलोलुप, महत्त्वाकांक्षी, स्वार्थी, चालबाज—ये हैं कुछ 'गुण', जो अकसर हम आज के राजनीतिक नेताओं में पाते हैं। सिफारिश, गैर कानूनी काम, कोटा परमिट, लाइसेंस आदि के माध्यम से अपने साथी खड़े करने, जनता को बरगलाना व झूठे वायदे करके वोट पाने का प्रयास करना, यह इन नेताओं की कार्यप्रणाली होती है। देवी जागरण हो या मंदिर का शिलान्यास, विधवाओं को मशीनें बाँटनी हों या बाढ़-पीड़ितों में अनाज कपड़े, झुग्गी झोंपड़ी के निवासियों की समस्याएँ हों या बेरोजगारों की, स्कूल का वार्षिकोत्सव हो या फैक्टरी का उद्घाटन—हर संभव मौके पर ऐसे व्यक्ति मंच पर विराजमान दिखाई देते हैं तथा यह आभास देते हैं कि सबसे बड़े सामाजिक कार्यकर्ता वे हैं। व्यापारियों, उद्योगपतियों व धन्नासेठों से प्राप्त अपार धनराशि से इनकी नेतागिरी चलती है और कुछ ही वर्षों में एक साधारण आर्थिक स्तर वाला नेता भी गाड़ी बँगले वाला बन जाता है।

भारत का राजनीतिक नेता ऐसा क्यों है ? क्या यह स्थिति सभी दलों में पाई जाती है ? क्या राजनीति ऐसे लोगों के बिना नहीं चल सकती ? राजनीति की आवश्यकता क्या है ? क्या आज की परिस्थिति बदली जा सकती है ? इसमें जनता की भूमिका क्या है ? ये हैं कुछ प्रश्न, जिनका उत्तर हमें पाना है।

प्रायः सुना जाता है कि स्वतंत्रतापूर्व के राजनीतिक नेता त्यागी, निस्स्वार्थी, देशभक्त व उज्जवल चरित्र के होते थे। तो फिर स्वतंत्रता पश्चात् ऐसा क्या हुआ कि उनके स्तर में गिरावट आ गई ? यह अंतर समझना कठिन नहीं है। स्वतंत्रतापूर्व की राजनीति का अर्थ था—अंग्रेजों से टक्कर लेना व

उन्हें देश से खदेड़ने के लिए जी जान लगाना और यह काम केवल निडर व निस्स्वार्थी लोग ही कर सकते थे। आज की राजनीति सत्ता की दौड़ व कुरसी की लड़ाई का रूप ले चुकी है जिसे महत्त्वाकांक्षी और स्वार्थी लोग ही लड़ सकते हैं। पर यह परिवर्तन हुआ कैसे?

कांग्रेस ने शुरुआत की

कहना पड़ेगा कि इस गिरावट की मुख्य दोषी कांग्रेस पार्टी है। परंतु शेष दलों की भूमिका भी इस संबंध में समाधानकारक नहीं रही। स्वतंत्रतापूर्व की साख को कांग्रेसी नेतृत्व ने जिस चालाकी से वोट बाजार में भुनाने का लगातार प्रयत्न किया है, उससे विरोधी दल हमेशा प्रभावित होते रहे हैं और उसी मार्ग पर चलकर कांग्रेस को पराजित करने का प्रयत्न करते रहे हैं, जिस पर चलकर कांग्रेस प्राय: उनसे आगे निकलती रही है। जवाहरलाल नेहरू कांग्रेस के अग्रणी नेता थे तथा भारत को समाजवाद के रास्ते पर ले जाने को वे आतुर थे। इसलिए अपने व्यक्तित्व के करिश्मे का लाभ उठाकर भारत की भोली जनता को उन्होंने कांग्रेस के पीछे लगाए रखा। उनकी मृत्यु के पश्चात् कांग्रेस की अंदरूनी लड़ाई खुलकर सामने आई। नेतृत्व का संघर्ष चला। लाल बहादुर शास्त्री रहस्यमय परिस्थितियों में ताशकंद में दिवंगत हए। इंदिरा गांधी को एक कठपुतली मानकर प्रधानमंत्री बनाया गया। 1967 के चुनाव में विरोधी दलों को अच्छी सफलता मिली। उन्हें दिल्ली की कुरसी दिखाई देने लगी। उधर इंदिरा गांधी कठपुतली बनने की बजाय वीरांगना बन गई। निरंकुश सर्वसत्तावाद की ओर वह भाग पड़ीं। जो हथकंडे उन्होंने अपनाए, उन्हीं के द्वारा विरोधी दल भी उन्हें पराजित करने का यत्न करते रहे। कमोबेश यही खेल सन् 1969 से भारत की राजनीति में चल रहा है। व्यक्तिवाद, नारेबाजी, वोटों की खरीद फरोख्त, जोड़-तोड़ आदि विभिन्न माध्यमों से सत्ता प्राप्ति की होड़ में सभी लगे हुए हैं।

उपर्युक्त होड़ में एक बात साफ तौर पर उभरकर सामने आई है और वह है राजनीतिक नेता का चरित्र। किसी भी दल का नेता हो, दिखाई यह देगा कि सिद्धांतों का चोला ओढ़े येन-केन-प्रकारेण सत्ता पाने के लिए वह

दिन-रात प्रयत्नशील है। चमचागिरी व पैसा आगे बढ़ने के उसके मुख्य हथियार हैं। राजनीति बहुतों के लिए पेशा बन गई है। जिनके मन में कुछ सामाजिक सेवाभाव है, उन्हें भी लगता है कि सत्ता में आने का यही मार्ग है। कुल मिलाकर सभी एक ही थैली के चट्टे-बट्टे दिखाई देते हैं।

अन्य दल भी कम नहीं

विभिन्न राजनीतिक दलों व व्यक्तियों में कुछ अंतर अवश्य दिखाई देता है, परंतु अंतर बहुत अधिक नहीं है। एक बार फिर कहना पड़ेगा कि वातावरण को विषाक्त करने में सबसे अग्रणी भूमिका कांग्रेस की रही है। सत्ता की राजनीति का खेल कांग्रेस पार्टी ने और इंदिरा गांधी ने जिस कुशलता से इस देश में खेला, उसमें विरोधी दल हमेशा अपने को ठगा हुआ सा महसूस करते रहे। परंतु उन्होंने अपनी अलग छवि बनाने का क्या प्रयास किया? जनता पार्टी की अंतर्कलह का खेल भरे बाजार खेला गया। इंदिरा गांधी तो वंश राज्य स्थापित करना चाहती ही थीं, चरणसिंह और जगजीवन राम ने क्या किया? क्या लोकदल किसी भी दृष्टि से कांग्रेस से भिन्न है? भारतीय जनता पार्टी बार-बार लोकदल से गठबंधन क्यों करती है? क्या चंद्रशेखर के अतिरिक्त जनता पार्टी का अध्यक्ष बनने योग्य कोई और व्यक्ति नहीं है? पश्चिम बंगाल की वामपंथी सरकार हो अथवा फारूक अब्दुला की जम्मू-कश्मीर सरकार, एनटीरामाराव की आंध्र सरकार हो अथवा एमजीरामचंद्रन की तमिलनाडु सरकार—क्या किसी का भी चरित्र कांग्रेसी सरकारों से भिन्न है? क्या इनमें से कोई भी सरकार यह दावा कर सकती है कि स्वच्छ, ईमानदार, सेवाभावी, निस्स्वार्थी नेतृत्व दे पाने में वह सफल हुई है?

वास्तविकता यह है कि कमोबेश सभी दलों में ऐसे लोग बहुसंख्या में हैं, जो पद-प्रतिष्ठा पाने के लिए राजनीति में आते हैं। समाज-सेवा व जनसेवा का मुखौटा पहनकर ऐसे लोग निहित स्वार्थों की पूर्ति हेतु राजनीति का मार्ग अपनाते हैं। किसी ने ठीक ही कहा है कि 'शैतानों के लिए राजनीति ही अंतिम पनाह है' (Politics is the last refuge of scoundrels)।

जैसे हम वैसे वे

परंतु यहाँ यह सवाल भी खड़ा होता है कि राजनीति की इस अवस्था के लिए क्या जनता की कोई जिम्मेदारी नहीं? कहना पड़ेगा कि जनता भी उसके लिए दोषी है। यथा राजा तथा प्रजा की कहावत हम सब जानते हैं। प्रजातंत्र में यह कहावत उलट जाती है—यथा प्रजा तथा राजा, अर्थात् जैसी जनता होगी, वैसी सरकार होगी। प्रजातंत्र में यह आवश्यक हो जाता है कि आम मतदाता सोच-समझकर वोट दें, किसी लालच में आकर वोट न दें तथा जाति, पंथ आदि संकीर्ण भावनाओं से ऊपर उठकर वोट दें। हम सोचें कि आम नागरिक के नाते हमने अपनी जिम्मेदारी निभाई है क्या? सच्चाई यह है कि अवसरवादी राजनीतिज्ञों को इसी समाज से पृष्ठपोषण मिलता रहा है।

राजनीति बुरी तो नहीं

अकसर राजनीतिक नेताओं से निराश होकर हम राजनीति को गाली देने लगते हैं तथा चाहते हैं कि राजनीति को समाप्त कर दिया जाए, पर यह वैसी बात है जैसी कि रोग को समाप्त करने के लिए रोगी को ही समाप्त कर देना। 'न होगा बाँस, न बजेगी बाँसुरी' पर ऐसा सोचना पलायनवाद है। राजनीति एक आवश्यक सामाजिक प्रक्रिया है। राजनीतिक दल, चुनाव, सरकार आदि की समाज के सुचारू संचालन में महत्त्वपूर्ण भूमिका होती है। विश्व में जो भी शासन पद्धतियाँ प्रचलित हैं, उनमें बालिग मताधिकार पर आधारित जनतंत्रीय शासन प्रणाली सर्वोत्तम है। परंतु इस प्रणाली में भी कमियाँ पाई जाती हैं, जो एक जागरुक व सचेत समाज द्वारा ही दूर की जा सकती हैं।

अच्छे लोग राजनीति में आएँ

वास्तव में आज की भारतीय राजनीति को व्यक्तिपूजक प्रजातंत्र कहना पड़ेगा, जिसके शीर्ष पर नेहरू वंश का प्रभुत्व है। स्वस्थ स्थिति के लिए आवश्यक है कि राजनीति को व्यक्तिनिरपेक्ष, सिद्धांतयुक्त और समाजोन्मुख बनाया जाए। यह तब हो पाएगा जब सुस्पष्ट विचारधारा पर आधारित सामाजिक प्रतिबद्धता वाले दल आगे आएँगे तथा जिनका नेतृत्व आदर्शवादी व निस्स्वार्थी

लोगों के हाथों में होगा। इसके लिए यह आवश्यक हो जाता है कि अच्छे लोग राजनीति में आएँ। प्राय: अच्छे लोग यह कहकर राजनीति से दूर रहते हैं कि राजनीति उनका काम नहीं है। तो फिर किसका काम है? अच्छे लोग राजनीति से दूर रहेंगे तो शैतान उसमें घुसेंगे ही। साथ ही यह भी आवश्यक है कि कोई भी दल अथवा व्यक्ति लंबे समय तक सत्ता में न रहे। कहा जाता है कि 'सत्ता भ्रष्ट करती है और निरंकुश सत्ता पूर्णतया भ्रष्ट करती है' (Power corrupts and absolute power corrupts absolutely)। चुनावों में दलों व व्यक्तियों का हेर-फेर प्रजातंत्र के स्वास्थ्य के लिए आवश्यक है।

जनता को अपनी ताकत पहचाननी होगी

यह गुणात्मक परिवर्तन तब आएगा जब जनता इसकी आवश्यकता समझेगी। चुनाव के माध्यम से जनता को अच्छे प्रतिनिधि चुनने का अवसर मिलता है। इस अवसर का सही उपयोग करना पड़ेगा। ऐसे ही लोगों को चुनना होगा, फिर वे किसी भी दल के हों, जो राजनीति को पेशा नहीं, मिशन मानते हों, जिनके लिए समाज हित व मानव कल्याण सर्वोपरि हो तथा जो सिद्धांतों व आदर्शों की राजनीति करते हों। जनता को अपनी ताकत पहचाननी होगी। तभी लोकतंत्र स्वस्थ हो पाएगा। यह छूमंतर से होने वाला काम नहीं है। इसके लिए छोटे-बड़े विभिन्न स्तरों पर देशव्यापी प्रयत्न करने पड़ेंगे। लोकजागरण करना पड़ेगा। हो सकता है यह मार्ग लंबा हो। परंतु देश व समाज के जीवन में दस-बीस अथवा पचास-सौ वर्ष कोई लंबा काल नहीं होते। समाजहित जिसमें हो, उस पर चलना, यही मनुष्य का कर्तव्य है। कर्मण्येवाधिकारस्ते का संदेश हमें नहीं भूलना चाहिए। वास्तविक लोकतंत्र व स्वस्थ राजनीति के लिए हमें लंबा मार्ग अपनाना ही पड़ेगा। जैसा कि किसी मनीषी ने कहा है कि 'हो सकता है कि मार्ग लंबा हो, पर यदि लक्ष्य प्राप्ति का वही एकमेव मार्ग है तो वही सबसे छोटा मार्ग भी है।'

(जम्मू की मासिक पत्रिका
'तवी दीपिका' में प्रकाशित, मार्च/अप्रैल 1987)

□

आपातकाल : 1975-77

भारत में आपातकाल लागू किए जाने की घटना को आज एक लंबा समय बीत चुका है, लेकिन उसके खट्टे-मीठे रोमांचकारी संस्मरण आज भी मन-मस्तिष्क में उभर रहे हैं। एक ओर जहाँ तत्कालीन शासक द्वारा तानाशाही स्थापित करने, उसके विरुद्ध किए गए संघर्ष तथा अंततोगत्वा तानाशाही को मिली करारी मात का रोमांच और आनंद याद आता है, तो दूसरी ओर संघर्ष के एवं जेल जीवन के न भूलने वाले सबक, अनुभव, घटनाएँ और प्रसंग फिर से ताजा हो गए हैं।

आज लगता है कि जिस समय विश्व के अधिकांश भागों व भारत के पड़ोसी देशों में तानाशाही हावी थी, उस समय भारत में भी उसका प्रयोग हुआ तो आश्चर्य की क्या बात? परंतु धीरे-धीरे क्यों न हो, लोकतंत्र की जड़ें भी तो मजबूत होती जा रही थीं। फिर भारत जैसा विशाल देश जिसकी जनता अशिक्षित तो थी, पर बेवकूफ नहीं, इंदिरा गांधी जैसा सिद्धांतहीन नेता, जिसके पीछे न तो पार्टी और न ही प्रशासन का नैतिक समर्थन था तथा राष्ट्रीय स्वयंसेवक संघ एवं सहयोगी संगठनों की संघर्ष के लिए कटिबद्ध एक विशाल शक्ति जहाँ हो तो वहाँ तानाशाही को तो जाना ही था।

इंदिरा गांधी के बारे में सोचकर तो हँसी आती है, जिस अपरिपक्वता से उन्होंने आपातकाल लागू किया, उसी से उन्हें चुनाव कराने की भी सूझी। उन्हें यह भरोसा हो गया था कि वे चुनाव जीत जाएगीं, इसलिए अपने किए पर

जनता की मोहर लगवाने के लिए उन्होंने चुनाव कराए। परंतु भारत की जनता ने नीर-क्षीर विवेक दिखाने में भूल नहीं की।

कांग्रेस की दशा देखकर तो और भी हँसी आती है। इंदिरा गांधी के नेतृत्व में कांग्रेस जिस राह पर चल पड़ी उससे हट पाना, उसके लिए असंभव हो गया। बिना नेहरू खानदान की पूँछ पकड़े राजनीति की वैतरणी पार करने का सामर्थ्य आज तक कांग्रेस नहीं जुटा पाई। सोनिया लाओ देश बचाओ का नारा यदाकदा गूँजता ही रहता है और अभी-अभी उसका शोर फिर सुनाई दे रहा है।

आपातकाल का एक लाभ देश को अवश्य मिला। अब निकट भविष्य में तानाशाही स्थापित होने की कोई संभावना देश में दिखाई नहीं देती। भारत एक समृद्ध संस्कृति वाला महान् एवं प्राचीन राष्ट्र है। अच्छे-बुरे में विवेक करना यहाँ की जनता को आता है। राजनेता और राजनीतिक दल जनता को जितना भी भ्रमित करने का प्रयास करें जनता उन्हें सही मार्ग पर ले ही आती है। इसी का परिणाम है कि कोई भी शासक और कोई भी दल लंबे समय तक सत्ता में नहीं ठहर पाता। यह निश्चित तौर पर कहा जा सकता है कि सिद्धांतो, आदर्शों और मूल्यों की राजनीति ही इस देश को स्वीकार होगी।

भारत के इतिहास में आपातकाल तथा उससे जुड़ी हुई घटनाओं का महत्त्व सदा बना रहेगा। 1966 में तत्कालीन प्रधानमंत्री श्री लालबहादुर शास्त्री की मृत्यु के पश्चात् कांग्रेस में जो सत्ता संघर्ष शुरू हुआ, उसकी परिणिति हुई इंदिरा गांधी के एकच्छत्र नेता बनने में तथा इंदिरा गांधी की नकली राजनीति और अमर्यादित महत्त्वाकांक्षाओं को धूल चटाई आपातकाल ने। साथ ही देश के लोकतंत्र पर आए संकट का सामना करने में सबसे बड़ी भूमिका निभाई राष्ट्रीय स्वयंसेवक संघ और उसके सहयोगी संगठनों ने। परंतु सारे घटनाक्रम की एक उल्लेखनीय और अति महत्त्वपूर्ण कड़ी संभवतः इतिहास में ठीक दर्ज नहीं हुई। और वह है छात्रों और छात्र संगठन अभाविप (अखिल भारतीय विद्यार्थी परिषद्) की भूमिका। यह याद दिलाना अनुपयुक्त नहीं होगा कि जब कांग्रेस और इंदिरा गांधी के शासन से जनता बेजार थी तो पहला

जनक्षोभ व्यक्त हुआ गुजरात मे। गुजरात के इस जनांदोलन की रीढ़ थी—अभाविप। फिर अभाविप ने संपूर्ण देश में इस जनक्षोभ की अभिव्यक्ति का आह्वान किया। पहल की अभाविप की बिहार इकाई ने और वहाँ संघर्ष प्रारंभ हुआ। बिहार का छात्र आंदोलन ही बढ़ते-बढ़ते राष्ट्रीय आंदोलन बन गया। लोकनायक जयप्रकाश नारायण के महत्त्व को कम आँके बिना यह कहना अनुचित नहीं होगा कि आंदोलन पहले प्रारंभ हुआ और जयप्रकाश नारायण बाद में उसके नेता बने। यह कहना भी अनुपयुक्त नहीं होगा कि बिहार में इसके लिए श्रमसाध्य परिश्रम करनेवाले एवं अभाविप के तत्कालीन प्रदेश संगठनमंत्री श्री रामबहादुर राय तथा उनका पूरा साथ देनेवाले पटना विभाग के तत्कालीन संघ प्रचारक श्री गोविंदाचार्य का उल्लेख संभवतः इतिहास में ठीक से दर्ज नहीं हुआ।

जहाँ संघर्षकाल एवं जेल के न भूलने वाले प्रसंगों का सवाल है तो उनमें से कई आनंददायक अनुभव थे तो कई दिल दहलाने वाली घटनाएँ भी थीं। कुछ प्रसंगों से जीवन के सबक मिले तो कुछ की रोचकता ने उनको अविस्मरणीय बना दिया। आपातकाल में मेरा अधिकांश समय जेल में बीता और वह भी दिल्ली की तिहाड़ जेल में। ध्यान में आया कि चौबीसों घंटे समय रहने के कारण कुछ व्यक्तियों के बारे में धारणा बदल गई। पहले जो अच्छे लगते थे, उनमें कमियाँ दिखाई देने लगी पर साथ ही जिनके बारे में धारणा विपरीत थी, वह अनुकूल हो गई। यह समझ में आया कि व्यक्ति के बारे में धारणा बनाने में जल्दी नहीं करनी चाहिए। जेल में जिन व्यक्तियों के प्रति मेरे आदर में वृद्धि हुई, वे थे लाला हंसराज गुप्ता, श्री केवलरतन मल्कानी एवं श्री लीलाराम बाखड़ू। दिल्ली प्रांत के तत्कालीन संघचालक लालाजी की सज्जनता और सादगी, अंग्रेजी साप्ताहिक ऑर्गनाइजर के तत्कालीन संपादक मल्कानीजी की पारदर्शिता और मित्रतापूर्ण व्यवहार तथा करोलबाग क्षेत्र के तत्कालीन संघचालक लीलारामजी की अध्ययनशीलता और स्नेही स्वभाव मन पर अमिट छाप छोड़ गए।

तिहाड़ में राजनीतिक महत्त्ववाली एक घटना भी देखने को मिली और वह

थी, चौधरी चरणासिंह की रिहाई। उनकी रिहाई नाटकीय ढंग से हुई। हुआ यूँ कि एक दिन उनके विश्वासपात्र श्री सतपाल मलिक को मीसा के अंतर्गत गिरफ्तार करके हमारे वार्ड में लाया गया। अगले दिन ही श्री मलिक को श्री चरणसिंह के वार्ड में स्थानांतरित कर दिया गया। उसके एक-दो दिन बाद श्री मलिक को रिहा कर दिया गया और फिर दो-चार दिन बाद चरणसिंहजी को रिहा कर दिया गया। चर्चा थी कि श्री मलिक सरकार की ओर से कोई प्रस्ताव लेकर आए थे, जिसकी स्वीकृति के पश्चात् चरणसिहंजी को छोड़ा गया। श्री मलिक स्वयं एक राजनीतिक नेता थे, तथाकथित तौर पर भूमिगत थे। सबकुछ स्वाभाविक लगे, इसलिए उपर्युक्त तरीका अपनाया गया। कांग्रेस सरकार के लिए चरणसिहंजी व श्री मलिक की विश्वसनीयता बनाए रखने का यही एक मार्ग था।

एक बहुत रोचक बात जानने को मिली। जेल के वार्ड एक में समाजवादी नेता श्री राजनारायण को रखा गया था। इंदिरा गांधी के विरुद्ध सर्वोच्च न्यायालय में उनकी चुनाव याचिका रद्द हो जाने के पश्चात् उन्हें दिल्ली से बाहर किसी जेल में भेज दिया गया। हम कुछ युवा लोग जेल में एक टोली के रूप में रहते थे। हमें उस वार्ड में भेज दिया गया। वहाँ जाने पर दो बातें जानकर आश्चर्य हुआ। प्रथम, वहाँ एक बहुत बड़ी चारपाई थी। उसके बारे में पूछने पर पता चला कि चूँकि श्री राजनारायण भारी शरीर के व्यक्ति थे, इसलिए वह चारपाई उनके लिए विशेष तौर पर लाई गई थी। द्वितीय, चारपाई के नीचे च्यवनप्राश के कई खाली डिब्बे पड़े हुए थे। इसके बारे में भी बताया गया कि राजनारायणजी च्यवनप्राश का बहुत अधिक सेवन करते थे।

जेल में प्रारंभ में कई प्रकार की असुविधाएँ थीं। चूँकि बंदियों में सबसे अधिक संख्या 'संघ परिवार' के लोगों की थी, इसलिए परिवार के वरिष्ठ लोग ही प्रायः अधिकारियों से सुविधाओं के संबंध में बातचीत करते थे। परंतु बहुत बार अधिकारी लापरवाही दिखाते थे, इसलिए उनसे कड़ी भाषा में बात करना आवश्यक हो जाता था। इस दृष्टि से तत्कालीन भारतीय जनसंघ के वरिष्ठ नेता श्री जगन्नाथ राव जोशी व श्री केवलरतन मल्कानी का रुख सबसे आक्रामक रहता था। हम जैसे युवा लोगों को यह रुख बहुत भाता था।

हमारे साथ रहनेवाले एक ऐसे बंदी ने, जो 20-21 वर्ष का नवयुवक था तथा जिसे संगठन से विशेष न जुड़े होने के बावजूद भी अनावश्यक रूप से मीसाबंदी बना दिया गया था, अपने शिष्ट व्यवहार से हम सबको मोहित कर दिया। तिहाड़े के वार्ड एक में हम प्रायः सभी युवा लोग थे। एक बुजुर्ग नेता हमारे साथ रहने के लिए आ गए। वार्ड में पाँच कमरे थे तथा प्रत्येक में दो अथवा तीन लोग रह सकते थे। बुजुर्ग नेता के स्वभाव को जानने के कारण कोई उनके साथ रहने के लिए तैयार नहीं हो रहा था। मुझे मिलाकर सबने बचने का प्रयास किया। जब कोई नहीं माना तो इस कम आयुवाले सबसे नए बंदी ने अपनी स्वीकृति देकर हम सबको शर्मिंदा कर दिया।

जेल में यह भी अनुभव आया कि कई लोग निजी स्तर पर नए-नए प्रयोग करते हैं। व्यायाम करना, वजन घटाना, दाढ़ी बढाना, वेश में बदलाव लाना आदि कई प्रयोग देखने में आए। लाल हंसराजजी ने वहाँ जो दाढ़ी रखी, वह उनके व्यक्तित्व का अभिन्न अंग बन गई। मैंने भी दाढ़ी बढ़ाने, दाढ़ी-मूँछ विहीन होने व धोती पहनने के प्रयोग वहाँ किए।

ऐसे पकड़े गए हम

आपातकाल लागू हुए थोड़े ही दिन हुए थे। संघ के सरकार्यवाह श्री माधव राव मुले ने मुझे कहा कि अभाविप के तत्कालीन राष्ट्रीय संगठनमंत्री श्री मदनदास को दिल्ली बुलाना है। मैंने किसी प्रकार से श्री मदनदास से मुंबई में संपर्क साधा तथा उन्हें दिल्ली आने के लिए कहा। उस दिन 9 जुलाई थी। दिल्ली के दरियागंज क्षेत्र में अपने एक संबंधी के कार्यालय में रहकर मैं भूमिगत गतिविधियाँ चला रहा था। संपर्क हेतु श्री मदनदास को मैंने वहाँ का फोन नं. दे दिया। उसी रात वे दिल्ली के लिए रवाना हो गए और इधर मैं पुलिस के हाथों पकड़ा गया। मेरा पकड़ा जाना अनायास हो गया। हुआ यूँ कि मेरे साथ एक कार्यकर्ता रह रहा था, जिसका पुलिस को सुराग मिल गया तथा मैं भी साथ में लपेट में आ गया। मैं अभाविप का राष्ट्रीय महामंत्री रह चुका था और उस समय राष्ट्रीय मंत्री तथा पूर्णकालिक कार्यकर्ता के रूप में दिल्ली का काम देख रहा था। गिरफ्तारी के समय मेरे पास से काफी सामग्री पुलिस

को प्राप्त हुई थी इसलिए मेरी गिरफ्तारी पुलिस के लिए महत्त्वपूर्ण उपलब्धि सिद्ध हुई। उन्हें समझने में देरी नहीं लगी कि मेरा स्थान भूमिगत गतिविधियों का केंद्र था। अत: मेरी गिरफ्तारी के बाद भी पुलिस वहाँ बनी रही। मेरे लिए वहाँ जो भी फोन आते, पुलिस उन्हें सुनती तथा फोन करनेवाले को जाल में लेने का प्रयास करती।

10 जुलाई को पूरे दिन पुलिस यह खेल खेलती रही। श्री ओमप्रकाश कोहली, जो उस समय दिल्ली विश्वविद्यालय अध्यापक संघ (डूटा) के अध्यक्ष थे, ने भी 2-4 बार फोन किए। उन्हें मेरी गिरफ्तारी की जानकारी नहीं मिल पाई। पुलिस उन्हें भ्रमित करती रही तथा उन्हें पकड़ने की पुलिस ने एक सफल योजना भी बना ली। परंतु ऐन वक्त पर किसी कारणवश कोहलीजी निर्धारित स्थान पर नहीं पहुँच पाए तथा गिरफ्तारी से बच गए।

श्री मदन दास 9 जुलाई रात्रि की देहरादून एक्सप्रेस से मुंबई से दिल्ली के लिए रवाना हुए थे। मुझे सूचित करने के लिए उन्होंने मुंबई से दरियागंज के फोन नं. के आधार पर एक तार भिजवाया, जिसमें लिखा था 'चार्टर्ड एकाउंटेंट 11 जुलाई प्रात: देहरादून एक्सप्रेस से दिल्ली पहुँचेंगे'। मेरे लिए यह सांकेतिक सूचना पर्याप्त थी। परंतु तार पुलिस के हाथों आ गया। दिल्ली पहुँचने पर श्री मदनदास को जब मैं स्टेशन पर नहीं मिला तो वे आश्चर्यचकित हुए। उन्हें कोई रास्ता नहीं सूझा तथा वे कोहलीजी के घर पहुँच गए। वहाँ से उन्हें कोहलीजी, जो भूमिगत थे, के पास ले जाया गया। कोहलीजी तब तक भी मेरी गिरफ्तारी के बारे में अनभिज्ञ थे। दोनों को फोन पर मेरी अनुपलब्धता से भी कोई संदेह मन में निर्माण नहीं हुआ। अत: मुझे मिलने के लिए वे दरियागंज आ गए।

श्री मदनदास पुलिस के हाथ न आ सकें मेरे परिवारवालों का यह प्रयास असफल रहा। मेरे एक संबंधी ने जो पुलिस को तार मिलने के समय वहाँ उपस्थित था, तार पढ़ लिया था। उसने मेरे परिवार को सूचित किया। परिवार ने संघ के एक कार्यकर्ता को जानकारी दी। एक कार्यकर्ता स्टेशन पर भी गया। वह कार्यकर्ता मदनदासजी को जानता था, परंतु 'चार्टर्ड एकाउंटेंट' को

नहीं। दुर्भाग्यवश मदनदासजी का और उसका मेल नहीं हो सका।

गिरफ्तारी के बाद मदनदासजी की युक्ति बहुत सफल रही। उन्होंने यही जताया कि वे मेरे एक निजी मित्र हैं, जो चार्टर्ड एकाउंटेंट है तथा अपने निजी काम से दिल्ली आए थे। यद्यपि वे 8–9 मास जेल में रहे, परंतु दिल्ली पुलिस उनका और विद्यार्थी परिषद् का संबंध नहीं जान पाई। इस कारण वे मीसा में बंद होने से बच गए। एक उपयुक्त समय पर जमानत पर वे छूट गए और लगभग एक वर्ष भूमिगत कार्य करने में सफल रहे।

(पाञ्चजन्य, 26 जून, 1995)

□

1975 का आपातकाल : छात्र आंदोलन से सुलगी चिंगारी

26 जून, 2005 को जब भारत में आंतरिक आपातकाल लागू होने के तीन दशक पूरे होंगे, तब इतिहास खोजी लोग यह अवश्य जानना चाहेंगे कि 1975 में आपातकाल लगने के पीछे मुख्य कारण क्या था? आम जानकारी तो यह है कि श्री जयप्रकाश नारायण ने तत्कालीन केंद्र सरकार के विरुद्ध एक आंदोलन चलाया, जिससे त्रस्त होकर सरकार द्वारा आपातकाल लागू किया गया। क्या मूल कारण यही था? इतिहास की जानकारी किसी के लिए रोचक हो सकती है तो किसी के लिए ज्ञानवर्धक। परंतु गंभीर विश्लेषकों को इनसे सामाजिक उथल-पुथल में महत्त्वपूर्ण भूमिका निभाने वाले कारक तत्त्वों को समझने में मदद मिलती है। इसके विश्लेषण के द्वारा सामाजिक परिवर्तन चाहनेवाले सामाजिक कार्यकर्ताओं को भविष्य की दिशा व प्रेरणा भी प्राप्त होती है। इसलिए आपातकाल के बारे में तथ्यों को ठीक प्रकार से जानना जरूरी है। आपातकाल संभवतः संपूर्ण भारतीय इतिहास और निश्चित ही स्वाधीनता के बाद के इतिहास में भारत के छात्र आंदोलन की सर्वश्रेष्ठ उपलब्धि का परिणाम था। यद्यपि छात्र आंदोलन की आवश्यकता व क्षमताओं संबंधी दृष्टिकोण भिन्न हो सकते हैं, परंतु इतिहास के तथ्यों को अनदेखा नहीं किया जा सकता।

यूँ फैला आंदोलन

सन् 1973 के अंतिम दौर में पूरा देश महँगाई, भ्रष्टाचार व बेरोजगारी आदि की चपेट में था। तभी गुजरात के एक इंजीनियरिंग कॉलेज के छात्रावास में महँगाई के कारण भोजन शुल्क बढ़ा दिया गया था। इससे छात्र आंदोलित हो गए। चूँकि गुजरात के अन्य कई महाविद्यालयों के छात्रावासों में भी भोजन शुल्क बढ़ाया गया था, आनन-फानन में इन महाविद्यालयों में भी आंदोलन प्रारंभ हो गया। महँगाई के विरुद्ध शुरू हुए छात्र आंदोलन को जनसमर्थन मिलने लगा और वह जनांदोलन का रूप लेने लगा। आंदोलन की कोपभाजन बनी राज्य सरकार, क्योंकि सरकारी भ्रष्टाचार व अकर्मण्यता को ही महँगाई के लिए दोषी माना गया। छात्र-युवाओं को बेरोजगारी की समस्या भी सता रही थी। महँगाई व भ्रष्टाचार के मद्‌देनजर उस समस्या की चुभन भी तेज हो गई तथा आंदोलन में वह भी एक मुद्‌दा बन गया।

गुजरात आंदोलन की आँच सर्वप्रथम बिहार पहुँची और वहाँ भी आंदोलन प्रारंभ हो गया। जनाक्रोश वहाँ भी राज्य सरकार व मुख्यमंत्री पर केंद्रित हुआ। कालांतर में बिहार के छात्र आंदोलन को पहले श्री जयप्रकाश नारायण का समर्थन प्राप्त हुआ और बाद में नेतृत्व। अब चूँकि समस्याएँ पूरे देश की थीं, इसलिए आंदोलन शनैः-शनैः देश में फैलने लगा। छात्रों के आंदोलन में गैर कांग्रेसी व गैर साम्यवादी राजनीतिक दल भी शामिल हो गए। जयप्रकाशजी द्वारा नेतृत्व सँभाल लेने से आंदोलन 'जयप्रकाश नारायण आंदोलन' (जे.पी. आंदोलन) कहलाने लगा। 1975 आते-आते आंदोलन अखिल भारतीय बन गया और समस्याओं के लिए जनता केंद्र सरकार व उसकी नेत्री प्रधानमंत्री इंदिरा गांधी को दोषी मानने लगी। सरकार ने आंदोलन से टकराने का मार्ग चुना, जिसकी परिणति हुई आपातकाल लागू होने के रूप में।

प्रश्न खड़ा होता है कि क्या गुजरात और बिहार के आंदोलन यूँ ही प्रभावी हो गए। प्रश्न यह भी खड़ा होता है कि इस आंदोलन व जयप्रकाशजी का सही संबंध क्या था? यह सत्य है कि गुजरात आंदोलन प्रारंभ में स्वयंस्फूर्त था। पर इसमें महत्त्वपूर्ण तथ्य यह था कि उसे बल प्रदान करने, व्यापक तथा

प्रभावी बनाने में भारत के प्रमुख छात्र संगठन अखिल भारतीय विद्यार्थी परिषद् (अभाविप) की सर्वाधिक महत्त्वपूर्ण भूमिका थी। परिषद् उस आंदोलन की जन्मदात्री तो नहीं थी, पर रीढ़ की हड्डी जरूर थी। मगर उससे भी बड़ा तथ्य यह था कि बिहार आंदोलन को तो जन्म ही अभाविप ने दिया था, और सबसे बड़ा तथ्य यह था कि अभाविप के प्रयत्नों के कारण ही जयप्रकाशजी उस आंदोलन में सम्मलित हुए।

बिहार में आंदोलन की नींव पड़ी अभाविप के तत्कालीन प्रदेश संगठन मंत्री श्री रामबहादुर राय के विशेष लगन व प्रयत्नों के कारण। श्री राय को इस संबंध में परोक्ष साथ प्राप्त हुआ राष्ट्रीय स्वयंसेवक संघ के तत्कालीन पटना विभाग प्रचारक श्री गोविंदाचार्य का। एक बार जब आंदोलन प्रारंभ हो गया, तब दोनों की दूरदृष्टि व प्रयासों के कारण ही उसमें जयप्रकाशजी के समर्थन, सहभाग व नेतृत्व के रूप में उत्प्रेरक तत्त्व आया।

जयप्रकाशजी एक ऐसे धीर-गंभीर, आदर्श प्रेरित, निस्स्वार्थी व समाज समर्पित स्वाधीनता सेनानी थे जिन्होंने स्वाधीन भारत का एक भिन्न स्वप्न देखा था। लेकिन आजादी के बाद जब हवा का रुख कुछ और ही पाया तो उन्होंने तय किया कि अपनी शक्ति को वे बिहार के एक छोटे से क्षेत्र में रचनात्मक कार्यों में लगाएँ। जयप्रकाशजी का बिहार में खूब सम्मान था। राम बहादुर राय व गोविंदाचार्य ने जयप्रकाशजी से संपर्क साधा। जयप्रकाशजी ने आंदोलन की विश्वसनीयता को परखने के पश्चात् ही इसमें कदम रखा और धीरे-धीरे वह स्थिति आई जब उन्होंने आंदोलन की कमान सँभाल ली।

यहाँ प्रश्न यह खड़ा होता है कि संपूर्ण आंदोलन के संदर्भ में अभाविप को कितना श्रेय मिलना चाहिए? कोई कह सकता है कि उस समय परिस्थिति ही ऐसी थी कि आंदोलन होता ही। पर निरपेक्ष विश्लेषण तो यही कहता है कि मुख्य श्रेय अभाविप का ही था। भूमि कितनी भी उपजाऊ हो, पर योग्य किसान के अभाव में उससे अच्छी फसल नहीं मिलती। समाज और राष्ट्र कभी एक तो कभी दूसरी समस्या का सामना करते ही हैं। पर समस्या से

निदान तभी मिलता है, जब कोई प्रभावशाली प्रयत्न होता है। अभाविप ने वही प्रयत्न कर दिखाया था।

पर अभाविप यह कैसे कर पाई? इसे जानने के लिए अभाविप की विचार-यात्रा को जानना पड़ेगा। परिषद् यह भूमिका इसलिए निभा पाई, क्योंकि उसके पास एक सक्षम संगठन तंत्र था। 1974 में अभाविप की स्थापना के 25 वर्ष पूरे हुए थे तथा 1974-75 परिषद् का रजत जयंती वर्ष था। परिषद् तब तक भारत में एक अग्रणी छात्र संगठन बन चुका था और देश भर में उसका कार्य फैल चुका था।

भारत के छात्र आंदोलन के इतिहास के उपर्युक्त स्वर्णिम पृष्ठ को पढ़ने के पश्चात् एक प्रश्न खड़ा होता है कि क्या छात्र आंदोलन इतिहास के एक स्वर्णिम पृष्ठ तक ही सीमित रह गया? आजकल कई बार यह टिप्पणी सुनने को मिलती है कि भारत का छात्र आंदोलन मर चुका है। पर यह टिप्पणी सही नहीं है।

(पाञ्चजन्य साप्ताहिक में संपादकीय टिप्पणी
'आपातकाल के तीस साल' के साथ प्रकाशित)
26 जून, 2005

□

जयप्रकाश नारायण का कहना था सत्ता नहीं, समाज से आएगा बदलाव

जयप्रकाश नारायण के व्यक्तित्व के अनेक पहलू थे। देश व समाज के प्रति उनमें गहन प्रतिबद्धता थी, उन्होंने अपना सारा जीवन समाज-कार्य में ही लगा दिया। वे एक ईमानदार और प्रतिबद्ध व्यक्ति थे।

1974-75 में बिहार में जो आंदोलन चला और जिसमें जयप्रकाशजी की महत्त्वपूर्ण भूमिका रही वह 1973-74 में गुजरात में हुए छात्र आंदोलन की सफलता से उपजा था। गुजरात में एक इंजीनियरिंग कॉलेज के छात्रावास में शुल्क वृद्धि के मुद्दे से आंदोलन की शुरुआत हुई थी। विद्यार्थियों से ज्यादा पैसे की माँग की जाने लगी थी। विद्यार्थियों ने इसके विरोधस्वरूप कॉलेज में आंदोलन शुरू कर दिया। वह आंदोलन बड़ा रूप लेता चला गया और अंततः प्रदेश भर में फैल गया। यह 1973 के अंत की बात है। इसमें महँगाई, भ्रष्टाचार व अन्य मुद्दे भी जुड़ते चले गए और यह गुजरात आंदोलन के रूप में फैला। उसके बाद लगभग उन्हीं मुद्दों को लेकर बिहार में आंदोलन शुरू किया गया। इसमें विद्यार्थी परिषद् ने महत्त्वपूर्ण भूमिका निभाई थी। बिहार में भी जब माहौल आवेशित हो गया, तब जयप्रकाशजी ने वहाँ विद्यार्थियों की माँगों का समर्थन किया। तब विद्यार्थी परिषद् और आंदोलन से जुड़े अन्य लोगों ने जयप्रकाशजी से संपर्क किया और उनसे आंदोलन का समर्थन करने का आग्रह किया। उन्होंने इस पर बहुत विचार किया और उचित-अनुचित को तोलकर विद्यार्थी आंदोलन को समर्थन दिया। तत्पश्चात् वे इस आंदोलन के नेता बन गए।

वह आंदोलन मुख्यत: बिहार का ही था, पर आगे चलकर उसका रूप ऐसा बन गया कि वह राष्ट्रीय आंदोलन कहलाने लगा। देश भर में इसकी चर्चा होने लगी, उसके समर्थन का माहौल बनने लगा था। अनेक अखिल भारतीय संगठन उस आंदोलन को समर्थन दे रहे थे। तत्कालीन प्रधानमंत्री श्रीमती इंदिरा गांधी इस हद तक भयभीत थीं कि उस उपजते आंदोलन को कुचलने की कोशिश में लग गईं, पर उन्हें इसमें सफलता नहीं मिली। 25 जून, 1975 को इस आंदोलन को देशव्यापी बनाने का आह्वान किया गया था। परंतु भयभीत श्रीमती गांधी ने उसी दिन आधी रात से आपातकाल लगा दिया।

इस जनांदोलन से ही जयप्रकाशजी 'लोकनायक' कहलाने लगे। जयप्रकाशजी का मानना था कि जनता की सहभागिता के बिना कोई गंभीर आंदोलन संभव नहीं है। यानी कोई बड़ा परिवर्तन लाना है तो वह जनांदोलन के जरिए ही लाया जा सकता है। वे जनता का आह्वान करते थे।

बिहार आंदोलन के समय गैर-कांग्रेसी और गैर-कम्युनिस्ट राजनीतिक दलों ने आंदोलन को समर्थन दिया था। गैर-कांग्रेसी और गैर-कम्युनिस्ट धाराएँ जयप्रकाशजी की समर्थक बन गईं, जिस कारण वे ही इस आंदोलन के आदर्श बनते चले गए। लोग उन्हें अपना नेता स्वीकारने लगे। जयप्रकाशजी की जनांदोलन में, लोकतंत्र में आस्था थी। वे लोकतंत्र को मजबूत होते देखना चाहते थे और इसलिए उन्होंने दल-रहित लोकतंत्र की बात कही थी। जयप्रकाशजी एक कल्पनावादी नेता थे, यानी वे इस प्रकार की कई कल्पनाएँ व्यक्त करते थे, जिनका व्यवहार में आना कठिन था। जैसे उन्होंने संपूर्ण क्रांति की बात कही। जब क्रांति ही खुद में एक प्रगाढ़ अर्थ लिये है, तो उसमें संपूर्ण शब्द जोड़ने का कोई मतलब नहीं बनता। इसी तरह उन्होंने दल-रहित लोकतंत्र की बात की, जबकि देश में उस समय ऐसी स्थिति नहीं थी कि दल-रहित लोकतंत्र आए।

आज के संदर्भ में जब हम जयप्रकाशजी के जीवन-मूल्यों को देखते हैं तो पाते हैं कि उनकी ईमानदारी और सामाजिकता आज भी उतनी ही समसामयिक है। उनके ये मूल्य तो शाश्वत हैं।

जयप्रकाशजी के मन में सत्ता का आकर्षण नहीं था। वे हर उस गतिविधि से जुड़ते थे, जो उन्हें पूरी तरह से सामाजिक लगती थी। उदाहरण के लिए वे विनोबाजी के भूदान आंदोलन से जुड़े, क्योंकि वे मानते थे कि परिवर्तन का माध्यम सत्ता नहीं, जनशक्ति है। अनेक लोग जो सामाजिक प्रक्रियाओं से गहरे जुड़े हैं, उनको लगता है कि सत्ता के बिना परिवर्तन नहीं आ सकता, पर अनेक ऐसे लोग भी हैं, जो मानते हैं कि ठोस बदलाव लाने में सत्ता की सीमित भूमिका है। सामाजिक चेतना के स्तर में वृद्धि होने से ही समाज में ठोस बदलाव आता है। कहने का अर्थ है कि सत्ता और सामाजिक परिवर्तन, इन दोनों धाराओं का अपना महत्त्व है।

('पाञ्चजन्य' संवाददाता से बातचीत पर आधारित,
गणतंत्र दिवस विशेषांक, 2003)
(संदर्भ : जयप्रकाश नारायण जन्म शती वर्ष)

□

उदारीकरण की राजनीति

भारत के आर्थिक जीवन में गत कुछ वर्षों से तेजी से परिवर्तन हुए हैं। उदारीकरण, वैश्वीकरण अथवा निजीकरण के नाम से जाने जा रहे इन परिवर्तनों का प्रारंभ 1980 में श्रीमती इंदिरा गांधी ने पुनः सत्ता में आने पर चुपचाप ढंग से किया था। 1984 में राजीव गांधी जब सत्ता में आए तो इस प्रक्रिया को उन्होंने धीमी गति से परंतु खुले ढंग से अपनाया। परंतु जब नरसिंह राव सत्ता में आए तो उदारीकरण को उन्होंने एक दर्शन के रूप में अपना लिया तथा इस प्रक्रिया को बहुत तेज गति से उन्होंने बढ़ावा दिया। आज देश में उदारीकरण की आँधी बह रही है।

यद्यपि यह ठीक है कि देश में एक सीमा तक उदारीकरण की आवश्यकता थी, परंतु गत 4-5 वर्षों में जिस अबाधित ढंग से इस प्रक्रिया को अपनाया गया है। उसे समझने के लिए देश के शासकों की राजनीति, नीति निर्धारकों की राष्ट्रीय, सामाजिक प्रतिबद्धता तथा संभ्रांत अथवा उच्च वर्ग के वैचारिक दिग्भ्रम की तह में जाना आवश्यक है।

विश्व पटल पर गत 50-60 वर्षों में दो महाशक्तियों में जो शीत-युद्ध चल रहा था, वह सोवियत संघ के विघटन के पश्चात् थम सा गया। चूँकि साम्यवाद को बहुत बड़ा धक्का लगा, इसलिए यह माना जाने लगा कि अब पूँजीवाद ही एकमात्र मार्ग रह गया है। हमारे देश के उपर्युक्त वर्ग भी इसी सोच के शिकार हुए। स्वतंत्रता के पश्चात् ये वर्ग अमेरिका और पश्चिम देशों के प्रति खूब आकर्षित रहे, परंतु साम्यवाद अथवा समाजवाद की चकाचौंध

के कारण मुखर रूप से ये पूँजीवाद के समर्थक नहीं बन पाए; और फिर कांग्रेस ने तो 'गरीबी हटाओ-समाजवाद लाओ' के नाम पर 1969 से 1975 के बीच सत्तासुख भी भोगा।

समाजवाद के प्रति कांग्रेस प्रारंभ से ही विभाजित थी और उसके एक बड़े वर्ग की उसमें कोई आस्था नहीं थी। इसीलिए जो भी 'समाजवादी' कदम देश में उठाए गए, वे प्रायः प्राणहीन रहे। परिणामतः समाजवाद के नाम पर सार्वजनिक क्षेत्र का विस्तार तो हुआ, परंतु वह अकुशलता, भ्रष्टाचार और लालफीताशाही का प्रतीक बन गया।

इंदिरा गांधी के सत्ता में आने के पश्चात् समाजवाद के प्रति कांग्रेस की रही-सही आस्था भी समाप्त हो गई, जबकि विडंबना यह है कि वोट बटोरने के लिए समाजवाद का नारा ही इंदिरा गांधी का सबसे बड़ा हथियार बना।

तेजी से लाए जा रहे परिवर्तनों का सबसे प्रमुख कारण है—कांग्रेस की अवसरवादी एवं लुभावने नारों की राजनीति। दो छोटे कालांतरों के अतिरिक्त स्वतंत्र भारत में कांग्रेस का ही शासन सदा रहा। सत्ता में बने रहने के दाँव-पेच कांग्रेस अच्छी तरह से जानती है। चुनाव जीतने के मुद्दे एवं हथकंडे ढूँढ़ने में कांग्रेस को महारत प्राप्त है। एक समय था, जब 'समाजवाद लाओ-गरीबी हटाओ' के नारे ने कांग्रेस की नैया पार लगाई थी। और अब वह उदारीकरण, वैश्वीकरण एवं निजीकरण के तवे पर अपनी रोटियाँ सेंकना चाहती है। कांग्रेस की इस राजनीति के पीछे एक मजबूरी भी है। तथाकथित समाजवादी ढाँचे के कारण सरकार एवं सार्वजनिक क्षेत्र दोनों दिवालिया हो गए। आज किसी भी आर्थिक दायित्व को वहन करने में सरकार स्वयं को अक्षम पाती है। इसलिए वह अधिकाधिक आर्थिक गतिविधियों को निजी हाथों में सौंप देना चाहती है।

पश्चिमपरस्त एवं सुविधाभोगी नीतिनिर्धारकों तथा दिग्भ्रमित संभ्रांत वर्ग की सोच से कांग्रेस की इस राजनीति को खुला खेलने में बहुत सहायता मिल रही है। परिणामतः उदारीकरण को आज देश की समस्याओं की अचूक दवा माना जा रहा है।

स्पर्धा, बाजारी ताकतों और पूँजीवाद में गुण ही गुण देखनेवालों का ध्यान इस व्यवस्था के दोषों की ओर नहीं जाता। शोषण, एकाधिकार अथवा एकाधिकारी स्पर्धा इसी व्यवस्था में से उपजती है। मशीनीकरण एवं पूँजीप्रधान तकनीकी, इस व्यवस्था के अभिन्न अंग हैं, जिनसे भारत जैसी श्रमप्रधान अर्थव्यवस्था की बेरोजगारी की समस्या और विकट हो जाती है। तरह-तरह की विज्ञापनबाजी अथवा प्रलोभनों से उपभोक्ता को मूर्ख बनाना तथा साधनों का अपव्यय करना इस व्यवस्था का विशेष गुण है। 'ऋणं कृत्वा घृतं पीवेत्' की उपभोगवादी संस्कृति इसी व्यवस्था से पनपती है। यह वह व्यवस्था है, जो मनुष्यता को पशुत्व की ओर ढकेलती है और भौतिक एवं इंद्रिय सुखों को सर्वोच्च मानना सिखाती है। विश्व का सबसे संपन्न देश अमेरिका आज अति भौतिकता के जिन रोगों से ग्रस्त है, क्या वह हमारी आँखें खोलने के लिए पर्याप्त नहीं?

अब प्रश्न यह उठता है कि भारत में उदारीकरण की सीमाएँ क्या हों? उत्तर में कहा जा सकता है कि उदारीकरण के दो रूपों—आंतरिक अर्थात् घरेलू एवं बाह्य अर्थात् वैश्विक का मौलिक अंतर ध्यान में रखना चाहिए। आज देश में एक सीमा तक आंतरिक उदारीकरण की आवश्यकता है, परंतु वैश्विक उदारीकरण की नहीं। साथ ही यह भी समझना आवश्यक है कि उदारीकरण का अर्थ यह नहीं हो सकता कि सरकार अपने आर्थिक दायित्वों से भागने लगे। उदारीकरण का चाहे जो रूप हो, देश को बाजारी ताकतों के भरोसे नहीं छोड़ा जा सकता। विदेशियों को दी जा रही खुली छूट न तो आर्थिक दृष्टि से उपयोगी है, न ही राजनीतिक दृष्टि से। बहुराष्ट्रीय कंपनियाँ जहाँ विषमता और बेरोजगारी बढ़ाएँगी, वहीं विदेशी राजनीति हस्तक्षेप का भी माध्यम बनेंगी।

प्रश्न यह भी उठता है कि भारत में वैश्विक उदारीकरण की सीमाएँ क्या हों? उत्तर में निस्संदेह यह कहा जा सकता है कि उपभोक्ता वस्तुओं के क्षेत्र में भारत पूर्णतः सक्षम है तथा इस क्षेत्र में भारत में विदेशी कंपनियों को बिल्कुल नहीं आने देना चाहिए। परंतु क्या उत्पादक वस्तुओं अथवा उच्च

तकनीकी के क्षेत्र में विदेशियों को छूट मिलनी चाहिए? क्या स्वाधीनता के 48 वर्षों, योजनाओं के 44 वर्षों तथा आर्थिक प्रगति के अब तक के अनुभवों से भारत उस स्थिति में आ पहुँचा है कि वह अपनी समस्याएँ स्वयं सुलझा ले? भारत प्राकृतिक साधनों से संपन्न देश है, वैज्ञानिक एवं तकनीकी क्षेत्र में भी वह काफी आगे बढ़ चुका है तथा विश्व का दूसरा सबसे बड़ा बाजार उसके पास है तो फिर क्या उसे दूसरे देशों अथवा वैश्विक पूँजीपतियों का मुँह ताकना चाहिए? क्या हमें यह भूल जाना चाहिए कि भारत एक छोटा-मोटा राष्ट्र नहीं, अपने आप में एक विश्व है? क्या हम चाहें तो विश्व की सभी आर्थिक ताकतों से नाता तोड़कर अपना विकास स्वयं नहीं कर सकते? जरा हम सोचें।

(1995, दीनदयाल उपाध्याय स्मारक, नगला चंद्रभान, स्मारिका)

□

स्वाधीनता के 50 वर्ष

आगामी 15 अगस्त, 1997 को भारत को स्वाधीन हुए 50 वर्ष पूरे हो जाएँगे। यह स्वाधीनता हमें देश विभाजन के रूप में प्राप्त हुई, तो भी सैकड़ों वर्षों की पराधीनता के पश्चात् हम स्वतंत्र हुए। स्वाधीनता प्राप्ति ही हमारे लिए हर्ष और आनंद का विषय था।

स्वाधीन होने पर हमें लगा था कि अंग्रेजी शासन की समाप्ति के साथ-साथ हमारी समस्याओं और कठिनाइयों का अंत हो जाएगा। क्या वैसा हुआ? हमारी समस्याएँ कम हुईं या अधिक? स्वाधीनता के 50 वर्षों में हम कहाँ पहुँचे? इन दिनों जब हम स्वतंत्रता की स्वर्ण जयंती मना रहे हैं, तब से ये प्रश्न बार-बार हमारे मन में आ रहे हैं। यह जयंती हमें एक ऐसा अवसर प्रदान करती है, जब हम अपनी सफलताओं, असफलताओं, उपलब्धियों-कमियों एवं आशा-निराशाओं का लेखा-जोखा कर सकते हैं। हमारा लेखा-जोखा जो भी हो, हमें भविष्य पर विचार तो करना ही पड़ेगा। इस अवसर पर ठीक विचार करने के पश्चात् हमें भविष्य का मार्ग निर्धारित करना होगा। स्वाधीनता की स्वर्ण जयंती हमारे लिए विचार मंथन का अवसर भी है और भविष्य निर्धारित करने का समय भी।

सामान्य नागरिक के नाते हम प्राय: देश में चल रही गतिविधियों, देश की परिस्थिति एवं देश के जीवन में दिखाई देने वाली हानिकारक वृत्तियों की चर्चा करते रहते हैं। बहुधा हम यह निष्कर्ष निकालते हैं कि सबकुछ गड़बड़ हो रहा है। कुछ ठीक हुआ ही नहीं और यह मान लेते हैं कि हमारा भविष्य

निराशामय है। ऐसा सरल विवेचन करके हम मात्र नकारात्मक चीजें देखने के सहज मानवीय दोष के शिकार हो रहे होते हैं। सकारात्मक एवं प्रशंसनीय गतिविधियों की ओर हमारा ध्यान कम जाता है। ऐसा नहीं होना चाहिए। जिम्मेदार, सजग एवं विचारशील नागरिक विवेकपूर्ण आकलन करते हैं तथा सकारात्मक एवं नकारात्मक दोनों पक्षों का विचार करते हैं। 50 वर्षों का लेखा-जोखा भी हमें इसी दृष्टिकोण से करना चाहिए।

लेखा-जोखा करते समय हमें यह भी नहीं भूलना चाहिए कि एक राष्ट्र, देश व समाज की उपलब्धियों व विफलताओं के आकलन में इतिहास के घटनाचक्र तथा संपूर्ण विश्व की विभिन्न हलचलों और देश के जीवन पर पड़ने वाले उनके प्रभाव अथवा दुष्प्रभाव का भी महत्त्वपूर्ण स्थान होता है। उसी प्रकार आकलन में देश का आकार, उसकी विविधताएँ, देश की शासन प्रणाली एवं सामान्य नागरिक की राष्ट्रीय सामाजिक चेतना का स्तर भी अपना महत्त्व रखते हैं। आकलन के लिए एक योग्य समयावधि का संदर्भ भी आवश्यक होता है।

स्वाधीनता का उल्लेख होते ही एक प्रश्न मन में कौंध जाता है। वह यह कि हम पराधीन हुए ही क्यों थे? सही विश्लेषण के लिए एक और प्रश्न भी उठ खड़ा होता है कि क्या भारत राज्य के रूप में वैसा पहले कभी था, जैसा वह 1947 में बना? जानकारी यह बताती है कि यद्यपि सांस्कृतिक रूप में भारत हजारों वर्षों से एक था, परंतु राजनीतिक अथवा प्रशासनिक रूप में वह अनेक टुकड़ों में बँटा हुआ था। मुगलों एवं अंग्रेजों ने इसी स्थिति का लाभ उठाकर हमें पराधीन बनाया। एक राष्ट्र राज्य के रूप में संभवत: प्रथम बार ही भारत का 1947 में उदय हुआ। एक प्राचीन और समृद्ध सांस्कृतिक धरोहर की उत्तराधिकारी होने के बावजूद यहाँ की जनता में राजनीतिक एवं प्रशासनिक इकाई के रूप में भारत के प्रति लगाव स्वाधीनता आंदोलन के परिणाम से ही निर्मित हुआ। भारत के लिए अपेक्षाकृत यह एक नया अनुभव भा। उपलब्धियों एवं कर्मियों की चर्चा करते समय हमें यह तथ्य नहीं भूलना चाहिए।

स्वाधीन भारत के संचालन के लिए प्रजातांत्रिक शासन प्रणाली अपनाना एक अति महत्त्वपूर्ण एवं योग्य निर्णय था। इसके कारण भारत में अनेक समस्याएँ भी हुईं, परंतु यह एक दूरदृष्टि संपन्न निर्णय था। 1947 में विश्व के बहुत बड़े भाग में तानाशाही चलती थी। जनसंख्या की दृष्टि से विश्व के सबसे बड़े और हमारे पड़ोसी देश में कम्युनिस्ट तानाशाही स्थापित हुई। हमारे आस-पास के देशों में भी प्राय: ऐसी स्थिति रही। हम तानाशाही के मार्ग पर जा सकते थे और 1975 में ऐसा सीमित प्रयोग हुआ भी, परंतु सभी दोषों के बावजूद प्रजातांत्रिक शासन प्रणाली देश में चलती रही। यह स्वाधीन भारत की सबसे बड़ी उपलब्धि रही। आसपास चलने वाली अस्वस्थ गतिविधियों एवं देश के सामने मुँह बाए खड़ी अनेक समस्याओं को देखते ही हम कभी-कभी तानाशाही का गुणगान करने लगते हैं। परंतु देश के आकार, यहाँ की विविधताओं एवं संपूर्ण वैश्विक संदर्भ को ध्यान में रखकर हमें यह मानना चाहिए कि प्रजातांत्रिक शासन प्रणाली ही आज सर्वोत्तम मार्ग है। यह ठीक है कि यह प्रणाली अनेक दोषों से ग्रसित है, परंतु दोषों का निराकरण करना उपयुक्त मार्ग है, न कि प्रणाली को समाप्त कर देना।

स्वाधीन भारत की और भी अनेक उपलब्धियाँ हैं। देश ने अनेक पहलुओं से भौतिक प्रगति की है। आर्थिक प्रगति की दर, खाद्यान्न एवं उपभोक्ता वस्तुओं के उत्पादन में आत्मनिर्भरता, विविध प्रकार के उद्योग, साक्षरता दर व औसत आयु में वृद्धि, विश्व की तृतीय बड़ी वैज्ञानिक संख्या का निर्माण, परिवहन व संचार की आधुनिक व्यवस्थाएँ, शिक्षा व चिकित्सा के क्षेत्र में सभी प्रकार के संस्थान, महामारियों पर नियंत्रण, छुआछूत व जातिवाद में कमी, राजनीति, शासन व आधुनिक व्यवसायों में स्त्रियों के सहभाग में वृद्धि आदि अनेक उपलब्धियाँ गत 50 वर्षों में हुई हैं। एक उपलब्धि गत कुछ वर्षों में हमने की है। वह है आत्मसाक्षात्कार की। स्वाधीनता के पश्चात् इस देश की मौलिकता, इसके लिए हितकर जीवन मूल्य एवं उज्जवल भविष्य की दृष्टि से इसके लिए अपनाए जाने वाले मार्ग जैसे विषयों पर यहाँ खूब बहस हुई है। वह बहस अभी भी जारी है। देश को परस्पर विरोधी विचारधाराओं में

से गुजरना पड़ा है। यह स्वाभाविक भी था। परंतु लगता है कि देश और यहाँ का समाज आज इन प्रश्नों के संबंध में अधिक स्पष्ट दृष्टिकोण स्वीकार कर रहा है। देश आत्मसाक्षात्कार कर रहा है और आत्मसाक्षात्कार के बिना कोई देश अपना भविष्य नहीं बना सकता।

उपर्युक्त उपलब्धियों की चर्चा करते ही हम अपनी तुलना पश्चिमी देशों से करने लगते हैं और सोचते हैं कि हम उनसे बहुत पीछे हैं। ऐसी तुलना करते समय हम इतिहास को भुला देते हैं। हम भूल जाते हैं कि पश्चिमी देशों की प्रगति में उपनिवेशवाद का बहुत बड़ा योगदान रहा है। हम यह भी भूल जाते हैं कि अनेक पश्चिमी देश जनसंख्या की दृष्टि से बहुत छोटे हैं। हम उन देशों की आर्थिक समृद्धि से तो अभिभूत हो जाते हैं, परंतु वहाँ पर व्याप्त अति भौतिकतावाद और उससे उत्पन्न हो रही समस्याओं को हम नहीं देखना चाहते। पश्चिमी देशों के मार्ग पर चलना न तो हमारे लिए संभव है और न ही वांछनीय।

परंतु भारत में अभी बहुत कुछ प्राप्त करना शेष है। हमारी समस्याओं और कठिनाइयों की सूची भी लंबी है। भ्रष्टाचार, बेरोजगारी, गरीबी और जनसंख्या वृद्धि की ऊँची दर हमारी सबसे गंभीर समस्याएँ हैं। प्रजातांत्रिक शासन प्रणाली पर सिद्धांतहीन राजनीति, धन-बल, बाहुबल व जातिवाद हावी हैं। छुआछूत, जातिवाद व नारी असमानता अभी भी व्यापक रूप में विद्यमान है। निरक्षरता उन्मूलन का कार्य अभी अधूरा है। खेल-कूद के क्षेत्र में हमारी स्थिति दयनीय है। देश में प्रतिभा का पलायन जारी है। देश के कुछ क्षेत्रों में अलगाववाद, उग्रवाद व हिंसाचार जड़ जमाए हुए हैं। हाल ही के वर्षों में दो प्रकार के आक्रमण देश पर हुए हैं। प्रथम, आर्थिक, साम्राज्यवाद का तथा द्वितीय, सांस्कृतिक प्रदूषण का।

अब प्रश्न यह खड़ा होता है कि सफलताओं व असफलताओं को कैसे तौला जाए? परंतु तोलने के इस फेर में पड़ने की बजाय हमारे लिए यह अधिक आवश्यक हो जाता है कि हम अपना आगे का मार्ग तय करें तथा समस्याओं का निदान करें।

50 वर्षों का लेखा-जोखा करते समय हमें यह भी समझना चाहिए कि व्यक्ति के जीवन में 20, 30 अथवा 50 वर्ष बहुत बड़े होते होंगे परंतु देश, समाज अथवा राष्ट्र में यह समय बहुत अधिक नहीं होता। जैसे व्यक्ति के स्वास्थ्य, भौतिक परिस्थितियों और चिंतन-मनन में उतार-चढ़ाव आते हैं, वैसे ही राष्ट्रों और समाजों में भी यह होता है।

एक लंबी ऐतिहासिक प्रक्रिया के परिणामस्वरूप राष्ट्रों का उत्थान अथवा पतन होता है, जिसमें प्राय: दशाब्दियाँ अथवा शताब्दियाँ लग जाती हैं। अत: गत 50 वर्षों की उपलब्धि को ठीक से पहचानकर कमियों के निराकरण के लिए हमें 10-20 वर्षों की योजना तो बनानी ही होगी। हम चाहें कि कुछ दिनों, महीनों अथवा वर्ष-दो वर्षों में हमारी समस्याएँ सुलझ जाएँ तो यह हमारी नादानी होगी।

अपनी समस्याओं के हल के लिए पहले तो हमें यह समझना होगा कि एक राष्ट्र के नाते हमारा उद्देश्य क्या है? यद्यपि यह उचित ही है कि सामान्य नागरिक की न्यूनतम भौतिक प्रगति व उसकी मौलिक आवश्यकताओं की पूर्ति होनी ही चाहिए, पर हमें यह भी सोचना होगा कि भारत के लिए भौतिक प्रगति किस सीमा तक अभिप्रेत है? मात्र भौतिकता किसी व्यक्ति अथवा समाज के जीवन में कैसी अशांति एवं टूटन को जन्म देती है, इसके लिए पश्चिमी जगत् को हमें निकट से देखना होगा।

हमारी समस्याओं का हल इस बात से भी निर्धारित होगा कि हम निजी स्वार्थ से ऊपर उठकर राष्ट्रीय एवं सामाजिक हितों को कितनी प्राथमिकता देते हैं? वास्तव में तो सभी समस्याओं का हल एक भाव में निहित है, वह है राष्ट्रप्रेम व सामाजिक संवेदनशीलता। राष्ट्र के नाते हम आत्मसाक्षात्कार करें। राष्ट्रप्रेम का ज्वार देश में निर्माण करें। अपने सामाजिक दायित्व को पहचानें व समस्याओं से जूझने का दृढ़ संकल्प करें तो हम पाएँगे कि हमारी समस्याएँ एक के बाद एक हल होने लग जाएँगी।

वैसे तो दिन-प्रतिदिन की दृष्टि से सोचा जाए तो सरकार, राजनीतिक नेताओं, नौकरशाहों, बुद्धिजीवियों एवं प्रबुद्ध नागरिकों का यह दायित्व होता है

कि वे राष्ट्र रूपी गाड़ी का इंजन बनें, परंतु यह गाड़ी सुचारु रूप से तभी चल पाती है, जब सामान्य नागरिक भी अपने राष्ट्रीय एवं सामाजिक दायित्वों के प्रति जागरूक रहें। स्वाधीन भारत में प्रजातांत्रिक शासन प्रणाली अपनाने की हमें यह हानि हुई है कि सत्ता और वोटों के लालच में राजनीतिज्ञ की गाड़ी पटरी से उतर गई। उसे जन सेवा व सिद्धांतवाद की पटरी पर लाना होगा। स्वाधीनता के पश्चात् एक और विकृति भी हमारे देश में पनपी है। हमने राजनेताओं को अनावश्यक महत्त्व दिया एवं सत्ता से आवश्यकता से अधिक अपेक्षाएँ लगाई। हमें सत्ता की मर्यादाओं को भी समझना होगा। सर्वत्र व्याप्त भ्रष्टाचार व पथभ्रष्ट राजनीति से हमें संघर्ष करना होगा। देश को एक व्यापक परिवर्तन की आवश्यकता है। उसके लिए हमें जनजागरण, जन आंदोलन एवं जनदबाव के मार्ग पर चलना पड़ेगा। यह काम सरकार और राजनीतिज्ञ नहीं कर सकते। इसके लिए गैर सरकारी स्वयंसेवी जन संगठनों को बीड़ा उठाना होगा।

भारत में एक महान् राष्ट्र बनने के सभी तत्त्व मौजूद हैं। कमी है तो केवल एक बात की और वह है आत्मविश्वास और संकल्प की। हम एक विशाल देश हैं, जिसके पास एक समृद्ध सांस्कृतिक धरोहर है। आध्यात्मिकता हमारे यहाँ कूट-कूट कर भरी हुई है। सभी प्रकार की समस्याओं के बावजूद हमारा सामाजिक ताना-बाना एवं परिवार रचना प्रायः अक्षुण्ण हैं तथा यहाँ का सामान्य व्यक्ति अभी भी सादगी और शुचिता का जीवन जी रहा है। 50 वर्षों में भौतिक प्रगति का एक अनुभव हमने प्राप्त किया है और आज हमारे पास कृषि उद्योगों एवं सेवा क्षेत्रों का एक सशक्त आर्थिक ढाँचा उपलब्ध है। प्राकृतिक संसाधनों की दृष्टि से भारत एक संपन्न राष्ट्र है। यदि आत्महीनता और पश्चिमपरस्ती को त्यागकर हम आत्मविश्वास और दृढ़ संकल्प को अपनाते हैं तो दस-बीस वर्षों में ही हम विश्व का एक महान् राष्ट्र बन जाएँगे।

(1997, स्वाधीनता दिवस की पूर्वसंध्या पर लिखा गया)

□

भारतीय राजनीति में ऐसे नेता शीर्ष पदों पर कैसे पहुँच जाते हैं ?

गत कुछ दिनों से बिहार के मुख्यमंत्री लालू यादव समाचार-पत्रों की सुर्खियों में बने हुए हैं। लालू यादव ने यह सिद्ध करने का प्रयास किया कि वे एक लोकप्रिय जन नेता हैं तथा चूँकि जनता का उन्हें पूर्ण समर्थन प्राप्त है, इसलिए वे किसी नैतिकता, परंपरा अथवा नियम से बँधे हुए नहीं हैं। उन्होंने कहा कि यदि उन्हें गिरफ्तार कर लिया गया तो वे जेल से शासन चलाएँगे और यह भी कि वे किसी भी शर्त पर झुकेंगे नहीं तथा इराकी नेता सद्दाम हुसैन की तरह सबसे टक्कर लेंगे।

देश के अनेक बुद्धिजीवी लालू यादव की इस ढिठाई व उद्दंडता से खिन्न हैं कि लालू यादव ने सभी मर्यादाओं को ताक पर रख दिया है। यह किसी राजनीतिक नेता के पतन की पराकाष्ठा का प्रमाण है।

लालू अपवाद नहीं

परंतु यदि हम गहराई से विचार करें तो पाएँगे कि लालू यादव भारत की राजनीति का अपवाद नहीं हैं, वे राजनीति में आई गिरावट का मात्र ताजा उदाहरण हैं। रामविलास पासवान हों या मुलायम सिंह यादव, देवीलाल हों या नरसिंह राव या फिर ऐसे अन्य नेता, सभी के बारे में दिखाई देता है कि उनका व्यवहार लालू यादव से बहुत भिन्न नहीं रहा अथवा है। ऐसे सभी नेताओं के बारे में दिखाई देगा कि उन पर चाहे जितने आरोप लगे, वे अपनी

गलती नहीं स्वीकार करते। अपने-अपने समय में इन नेताओं ने कुरसी पर काबिज रहने व अपनी धाक बनाए रखने के सारे हथकंडे अपनाए और उन्होंने सदा यह सिद्ध करने का प्रयास किया कि वे जनता अथवा किसी वंचित वर्ग के सबसे बड़े सेवक हैं तथा उनका दामन बिल्कुल साफ है।

राजनीति का शास्त्र व इतिहास यह भी बताता है कि लालू यादव का सिक्का अधिक दिन नहीं चल पाएगा। वह दिन दूर नहीं, जब वी.पी. सिंह, देवीलाल, अर्जुन सिंह, नरसिंह राव व देवगौड़ा आदि की सूची में उनका नाम भी शामिल हो जाएगा। परंतु यह प्रश्न मन में आना स्वाभाविक है कि भारतीय राजनीति में ऐसे नेता शीर्ष पदों पर कैसे पहुँच जाते हैं?

निस्संदेह भारत की राजनीति का यह दुर्भाग्य है कि वह आज लालू यादव जैसे नेताओं से भरी पड़ी है। ऐसे नेताओं का राजनीति में छा जाना संभवत: स्वाधीन भारत का सबसे बड़ा अभिशाप है। गली-मोहल्ले के स्तर से लेकर राष्ट्रीय स्तर तक फैले ऐसे हजारों नेता आज देश को बेच खाने पर आमादा दिखाई देते हैं। प्राय: सभी दलों में पाए जाने वाले इन नेताओं में न्यूनाधिक मात्रा में कुछ समानताएँ भी दिखाई देती हैं। जैसे स्वयं को सच्चा समाजसेवी प्रदर्शित करना, यह जताना कि समाज-सेवा के लिए उनका पार्षद, विधायक, सांसद, मंत्री अथवा दलीय पदाधिकारी बनना अत्यावश्यक है तथा बड़े से बड़ा पद और प्रतिष्ठा पाने के लिए सदा प्रयत्नशील रहना।

राष्ट्र हित की उपेक्षा

ऐसे सब नेताओं का राष्ट्र-निर्माण और समाज सेवा से या तो कोई सरोकार ही नहीं होता या फिर वह उनकी दूसरी वरीयता का विषय होता है। पहली वरीयता होती है, निजी महत्त्वाकांक्षा की पूर्ति व स्वयं को सत्ताधिष्ठित करना। किसी बड़े नेता की चमचागीरी, गुटबाजी, चालाकी व मार्ग का रोड़ा बननेवाले का चरित्रहनन इनके राजनीति में आगे बढ़ने के साधन होते हैं। अपने राजनीतिक हित साधन में वे संचार माध्यमों का भी जमकर प्रयोग करने का प्रयास करते हैं। ऐशोआराम से जीने तथा राजनीति

के लिए आवश्यक धन जुटाने हेतु ये नेता दलाली, चोरी व अवैध धंधों से भी परहेज नहीं करते और आवश्यकतानुसार बाहुबलियों का इस्तेमाल और उन्हें संरक्षण भी प्रदान करते हैं। स्थिति तो अब यहाँ तक पहुँच गई कि बाहुबली स्वयं ही नेता बनने लगे हैं। जिस नेता का जितना जोर चलता है, उतना ही वह अपने चहेतों को लाभ दिलाता है, कानून व नियमों की धज्जियाँ उड़ाता है तथा सरकारी तंत्र का जमकर दुरुपयोग करता है।

प्रश्न यह है कि भारत की राजनीति को यह रोग कैसे और क्यों लगा और क्यों राजनीति समाज-सेवा का एक वैध मार्ग होने की बजाय अवैध लोगों का हथियार बन गई? इस पतन की सर्वप्रथम जिम्मेदार कांग्रेस व उसकी अंदरूनी राजनीति है। देश में एक छत्र राज्य बनाए रखने के लिए कांग्रेस ने जिस प्रकार नेहरू वंश का सहारा लिया और जिस प्रकार इंदिरा गांधी ने सभी लोकतांत्रिक परंपराओं का गला घोंट डाला, उससे राजनीति की गाड़ी पटरी से उतरनी प्रारंभ हो गई। परंतु इस पतन के लिए गैर कांग्रेसी दल भी कम जिम्मेदार नहीं हैं। न तो वे एक स्वस्थ विकल्प देश को दे पाए और न ही कांग्रेसी संस्कृति से दूर रह पाए। आज गैर कांग्रेसी दलों में भी वह सब देखा जा सकता है जो कांग्रेस में दिखाई देता है।

इसे दुर्भाग्य ही कहा जाएगा कि वैकल्पिक राजनीति देने की जिनकी जिम्मेदारी थी, उन्होंने भी येन-केन-प्रकारेण चुनाव जीतने व सरकार बनाने को ही अपना लक्ष्य मान लिया। उन्हें ध्यान ही नहीं रहा कि कांग्रेस को पदच्युत करने के प्रयास में वे स्वयं ही कांग्रेसी होते जा रहे हैं। इस पतन के लिए जनसामान्य और गैर राजनीतिक संगठन भी कम दोषी नहीं हैं। संकुचित मान्यताओं और स्वार्थों के आधार पर वोट डालना, राजनीतिक नेताओं को अनावश्यक महत्त्व देना, राजनीतिक एवं शासकीय मशीनरी से आवश्यकता से अधिक अपेक्षाएँ रखना एवं सामाजिक दायित्वों को दरकिनार करते हुए शुद्ध व्यक्तिवादी जीवन बिताना आदि हमारे राष्ट्रीय जीवन की कड़वी सच्चाइयाँ हैं, जिनके कारण स्वार्थी एवं घोर अवसरवादी राजनीतिज्ञों को खुला खेल खेलने के अवसर मिलते गए।

आज जब हम स्वाधीनता की 50वीं वर्षगाँठ मनाने जा रहे हैं, तब भारत की राजनीति को निजी महत्त्वाकांक्षाओं से पनपे इस कोढ़ से मुक्त करना हमारा सबसे बड़ा राष्ट्रीय दायित्व बनता है। राजनीति को राष्ट्रीय, सामाजिक लक्ष्यों की पूर्ति व समाज-सेवा का वैध मार्ग बनाना हमारी प्रथम वरीयता होनी चाहिए। यह कार्य जनजागरण एवं गैर-शासकीय प्रयत्नों से ही संभव हो पाएगा।

(पाञ्चजन्य, 27 जुलाई, 1997)

□

वह गलत फैसला था, अब कड़े कदम उठाने होंगे

विभाजन जिन्ना के द्विराष्ट्रवाद सिद्धांत के कारण हुआ। इसके पीछे इस्लाम के नाम पर की गई राजनीति और अंग्रेजों की चाल भी दोषी थी। हालाँकि विभाजन का फैसला गलत था, किंतु उन परिस्थितियों में कोई और चारा भी नहीं था। यूँ तो गांधीजी ने एक बार कहा था कि विभाजन मेरी लाश पर होगा, किंतु परिस्थितियों को देखते हुए उन्होंने इसे स्वीकार कर लिया।

पाकिस्तान का अस्तित्व ही भारत से पृथकता के आधार पर बना है। अपना अलग अस्तित्व दिखाने के लिए ही उनकी राजनीति होती है। शुरू से कश्मीर उनकी राजनीति का आधार है। वहाँ के नेतृत्व की यह मानसिकता है कि वे स्वयं को भारत से पृथक् दिखाएँ और जनता में भारत का भय बनाए रखें। भारत–पाकिस्तान के बीच इस्लामिक कट्टरवाद के कारण कटु संबंध हैं। दूसरे, वहाँ पर सेना का वर्चस्व है और सेना सदा सब पर नियंत्रण करना चाहती है। भारत में आतंकवाद फैलाकर उसे परेशान कर वह शान महसूस करता है। इसके पीछे उसे जो नुकसान हो रहा है, उसे वह नजरअंदाज कर रहा है।

हमने पाकिस्तान को बहुत समय दे दिया। उसकी मजबूरियों को भी समझने और सहने के लिए हम तैयार हैं। परंतु अब पाकिस्तान का विवेक जाग्रत् होना चाहिए। संसद् पर हमला विश्व व्यापार केंद्र पर हमले से भी ज्यादा गंभीर समस्या है। अब हमारे धैर्य का अंत हो चुका है। अत: कड़ी भाषा और कड़े कदम अपनाने चाहिए।

(पाञ्चजन्य के 'विभाजन का विषफल–आतंकवाद' विशेषांक से, 27 जनवरी, 2002)

□

भ्रष्टाचार की समस्या : नैतिक या 'राष्ट्रीय'?

अनेक गंभीर समस्याएँ इन दिनों हमारे देश को परेशान कर रही हैं, पर उनकी एक सर्वमान्य सूची बनाना सरल कार्य नहीं है, क्योंकि कुछ समस्याएँ ऐसी भी हैं जिनकी गंभीरता वैचारिक मतभेदों अथवा विरोधी दृष्टिकोणों के चलते कम या अधिक आँकी जाती है। कोई एक समस्या किसी के लिए गंभीर है तो दूसरे के लिए वह सामान्य है अथवा तीसरे के लिए वह समस्या है ही नहीं। उदाहरण के लिए अभी-अभी पंथानुसार जनसंख्या के असंतुलन की समस्या देश के सामने उजागर हुई। उसके आकलन के बारे में तीव्र मतभेद सामने आ रहे हैं। पांथिक अनुपात की बात छोड़ दें तो भी जनसंख्या वृद्धि स्वयं में समस्या है या नहीं, इस पर भी एक राय नहीं दिखती। ऐसे ही मतभेद कुछ और समस्याओं के बारे में भी हैं।

पर मतभेदों को एक ओर रख दें तो उपर्युक्त दोनों के अतिरिक्त प्राय: जिन समस्याओं को गंभीर माना जा रहा है, वे हैं—भ्रष्टाचार, बेरोजगारी, गरीबी व आर्थिक विषमता, जातिवाद व छुआछूत, लैंगिक असमानता, जिहादी कट्टरवाद व मतांतरण, आतंकवाद, अलगाववाद व क्षेत्रीयतावाद, घुसपैठ, पर्यावरण ह्रास व घटता जल संभरण एवं वैश्विक आर्थिक साम्राज्यवाद आदि। समस्याओं की यह सूची और भी लंबी हो सकती है। पर सूची जो भी हो, सब समस्याएँ दूर हों व देश शीघ्रातिशीघ्र प्रगति करे स्वाभाविक ही हर देशप्रेमी की यह चाह होगी।

भ्रष्टाचार की बात करें। क्या भ्रष्टाचार एक गंभीर समस्या है? यदि हाँ, तो क्या वह 'नैतिकता' की समस्या है या 'राष्ट्रीय'? यदि वह गंभीर राष्ट्रीय समस्या है तो समस्याओं की वरीयता सूची में उसका क्रम क्या है? यदि वह वास्तव में गंभीर है तो देश में उस पर चर्चा क्यों नहीं हो रही? इस समस्या का निदान क्या है?

संभवतः भ्रष्टाचार की समस्या के संबंध में देश में मतभेद नहीं हैं। प्रायः सब मानते हैं कि भ्रष्टाचार एक गंभीर समस्या है क्योंकि लगभग पूरा समाज उसका प्रत्यक्ष अनुभव कर रहा है। यह कितनी गंभीर है? एक मत यह है कि देश की सबसे बड़ी समस्या है बेरोजगारी व गरीबी और दूसरे क्रमांक की समस्या है भ्रष्टाचार। इतनी विकट समस्या की चर्चा क्यों नहीं हो रही? शायद इसलिए नहीं हो रही, क्योंकि यह मान लिया गया है कि यह समस्या दूर हो ही नहीं सकती। भ्रष्टाचार के आगे सबने घुटने टेक दिए हैं। पर क्या यह उचित है?

गौर से सोचें तो भ्रष्टाचार स्वयं में एक समस्या तो है ही, वह कई समस्याओं के लिए भी जिम्मेदार है। भारत में गरीबी व असमानता क्यों है? इसका एक कारण यह भी है कि भ्रष्टाचार के चलते निर्धन अथवा कमजोर को उसका पूरा पारिश्रमिक नहीं मिलता। बँगलादेशी घुसपैठ क्यों हो रही है? क्योंकि एक कारण यह भी है कि सीमा पर तैनात सुरक्षाकर्मी रिश्वत लेते हैं। पर्यावरण क्यों संकट में है? क्योंकि एक कारण यह भी है कि वन विभाग के कर्मचारियों द्वारा घूस लेकर वनों की गैरकानूनी कटाई होने दी जाती है। उदाहरण और भी मिल जाएँगे। भ्रष्टाचार अनेक समस्याओं के निवारण में आड़े आ रहा है क्योंकि उनके लिए उत्तरदायी व्यक्तियों को भ्रष्टाचार के कारण उचित दंड नहीं मिलता। किसी समस्या का समाधान तभी होता है जब कोई प्रामाणिक प्रयत्न किया जाए। परंतु प्रामाणिक प्रयत्न से जिनको घाटा होता है, वह भ्रष्ट मार्ग से प्रयत्न को असफल करने में लग जाता है। इसलिए प्रामाणिक लोग हतोत्साहित होते हैं।

एक बार भ्रष्टाचार गहरी पैठ बना ले तो समाज में अनुशासन एवं

व्यवस्था चरमराने लगती है। उसके कारण प्रगति व विकास की गति भी अवरुद्ध होती है। मामला यहीं तक नहीं रुकता, भ्रष्टाचार से प्रभावित व्यक्ति में आक्रोश और प्रतिशोध के कारण अनुशासन और व्यवस्था को लागू करना और भी अधिक कठिन हो जाता है। कुल मिलाकर समाज एक दुष्चक्र में फँस जाता है। किसी व्यंगकार ने ठीक ही कहा है कि रिश्वत लेते पकड़े गए तो रिश्वत देकर छूट गए।

भ्रष्टाचार का मुख्य शिकार आम आदमी ही बनता है और समाज का अधिकांश वर्ग आम आदमी ही होता है। हम कल्पना करें कि जिस समाज का अधिकांश भाग भ्रष्टाचार से त्रस्त एवं हतोत्साहित रहता है उस समाज का स्वस्थ एवं त्वरित विकास कैसे संभव है? कई बुद्धिजीवी भ्रष्टाचार को मात्र नैतिकता की समस्या मानते हैं पर नैतिकता कम होगी तो क्या सामूहिक राष्ट्रीय जीवन कमजोर नहीं होगा? क्या नैतिकता की कमी हो तो व्यक्ति विदेशियों अथवा शत्रुओं का हितसाधक नहीं बनेगा?

भ्रष्टाचार का निवारण कैसे हो इस प्रश्न का उत्तर खोजने से पहले भ्रष्टाचार के मूल कारण को जानें। और वह है राष्ट्रीय/सामाजिक चारित्र्य अथवा चेतना का अभाव। सामान्य व्यक्ति की औसत सामाजिक चेतना ही एक समाज की ताकत होती है। वह चेतना जितनी अधिक होगी, उतनी समस्याएँ कम होंगी। पर मूर्तरूप में समस्या के लिए किसी को उत्तरदायी ठहराना हो तो वे हैं भारत के राजनीतिज्ञ। यद्यपि प्रत्येक राजनीतिज्ञ को दोष देना ठीक नहीं होगा, पर एक वर्ग के नाते भ्रष्टाचार के लिए सर्वाधिक जिम्मेदार राजनीतिज्ञ ही हैं। चुनाव जीतने व सत्ता तक पहुँचने के लिए राजनीतिज्ञ जो हथकंडे अपनाते हैं, उनसे भ्रष्टाचार को प्रश्रय मिलता है। राजनीति में भी क्या सभी को बराबर का दोष दिया जा सकता है? कदापि नहीं। लेकिन यह निर्विवाद सत्य है और यह सिद्ध करना भी कठिन नहीं है कि राजनीति की गाड़ी को सिद्धांतों की पटरी से उतारने के लिए कांग्रेस ही सर्वाधिक दोषी है। हाँ, यह एक अलग बात है कि बाकी दल भी कांग्रेस को हराने के लिए उसी का मार्ग अपनाते हैं। इसलिए राजनीतिज्ञों और

उनके द्वारा चालित शासन पर अंकुश लगने से ही भ्रष्टाचार रुकेगा। यह कैसे हो पाएगा? इसका उत्तर है जनांदोलन। जनता जब जागेगी तो नेता भी होश में आएँगे। कुछ लोगों को यह अव्यावहारिक लग सकता है, पर गंभीरता से सोचें तो समस्या कोई भी हो, वह जनजागरण, जनांदोलन व जनदबाव के बिना हल नहीं हो सकती। आवश्यकता है कि कुछ राष्ट्रीय दृष्टिकोण रखनेवाले क्षमतावान लोग कमर कसकर मैदान में उतरें व 2–3 वर्ष जनांदोलन हेतु खपा दें। यह जब संभव होगा तब होगा, अभी तो यह ज्यादा आवश्यक है कि समस्या की चर्चा तो देश में हो।

(पाञ्चजन्य, 11 सितंबर, 2005)

□

अटूट दांपत्य से अटूट समाज तक

व्यक्ति के समाज के प्रति दायित्व के संबंध में हम प्रतिदिन चर्चा सुनते अथवा करते हैं। प्रश्न है कि समाज किसे कहते हैं? जैसे ही हम एक से बढ़कर दो का विचार करते हैं तो समाज आकार लेने लगता है। समाज अर्थात् परस्पर संबंधित एक से अधिक व्यक्ति। यहाँ प्रश्न उत्पन्न होता है कि क्या पिता-पुत्र, भाई-बहन या पति-पत्नी भी समाज कहे जा सकते हैं? गहराई से सोचें तो हाँ में उत्तर देना कठिन नहीं होगा।

किसी-न-किसी विशिष्ट आधार पर परस्पर जुड़े हुए व्यक्ति समूह को समाज कहते हैं। क्या व्यवहार के स्तर पर सामाजिकता व्यक्तियों में अपने आप आ जाती है? समाजशास्त्रियों के अनुसार व्यक्तियों में सामाजिकता लाने के लिए उन्हें तब तक ज्ञान और प्रशिक्षण देना पड़ता है, जब तक वह उनका संस्कार न बन जाए।

जरा पति-पत्नी के रिश्ते के बारे में सोचें। पुरुष व नारी के साहचर्य की नैसर्गिक आवश्यकता की पूर्ति हेतु विवाह व्यवस्था प्रारंभ हुई, जिससे व्यक्ति संयमित भोग के मार्ग पर चलकर सुखी रहे। साथ ही पुरुष और नारी सहवास की कामना में इस मार्ग को न छोड़ें, इसलिए विवाह को न तोड़ा जाने वाला वांछनीय बंधन माना गया। हिंदू जीवन पद्धति में इस वांछनीयता को इतना महत्त्वपूर्ण माना गया कि विवाह बंधन तोड़ने का पूर्णतः निषेध ही किया गया। पर पति-पत्नी के नितांत निजी रिश्ते में सामाजिकता का कैसे आ जाती है?

परस्पर व्यवहार में एक-दूसरे की भावनाओं का आदर करना, एक-

दूसरे को बराबर मानना व एक-दूसरे से तालमेल स्थापित करना सामाजिकता होती है। दांपत्य जीवन में क्या पति-पत्नी को प्रतिदिन यही नहीं करना पड़ता? तो क्या यह सामाजिकता नहीं हुई? क्या यह सामाजिकता जितनी दांपत्य जीवन में मिलती है, उतनी और कहीं मिलती है? अन्य रिश्तों को लें। व्यक्ति चाहे तो अनेक रिश्तों को निभाना छोड़ सकता है। राष्ट्रीयता, जाति अथवा पंथ के आधार पर उसका जो समाज होता है, वह उसे संकुचित अथवा अवांछनीय भी मान सकता है। सगे-संबंधियों की वह अनदेखी कर सकता है एवं व्यावसायिक सहकर्मियों के साथ न्यूनतम व काम चलाऊ रिश्ता रख सकता है। यह मानना बहुत बड़ी भूल होगी कि चूँकि विवाह के कारण पुरुष और नारी जब साथ रहने लगते हैं तो एक-दूसरे का आदर, बराबरी का व्यवहार और परस्पर तालमेल उनके व्यवहार में स्वतः आ जाता है। यहाँ व्यक्ति अर्थात् एक व्यक्तित्व यह बात ध्यान में रखना जरूरी है। प्रत्येक व्यक्ति का एक व्यक्तित्व होता है। पति-पत्नी के रूप में जुड़ने वाले दो व्यक्ति अर्थात् दो व्यक्तित्व। विवाह के कारण दो व्यक्ति एक छत के नीचे रहने लगते हैं, पर उनके व्यक्तित्वों में एकरसता बिना परिश्रम के निर्माण नहीं होती। यह एक कठिन प्रक्रिया होती है, जो कभी-कभी बहुत देर तक चलती रहती है। और कुछ मामलों में वह असफल भी हो जाती है।

एकरसता निर्माण होने में आने वाली कठिनाइयों के कारण ही पति-पत्नी के संबंध तनावपूर्ण हो जाते हैं और कभी-कभी उनमें संबंध-विच्छेद की स्थिति आ जाती है। हम प्रायः इस संबंध में पश्चिम से तुलना करते हुए भारत में होने वाले संबंध-विच्छेदों की कम संख्या पर गर्व करते हैं। पर गौर करें तो क्या भारत में पाई जाने वाली यह कम मात्रा पति-पत्नी के बीच साथ निभाने की सहज इच्छा का परिणाम होती है? वास्तविकता यह है कि भारत के ग्रामों में रहनेवाले दंपत्ति बहुत बड़ी संख्या में धार्मिक व सामाजिक कारणों से संबंध-विच्छेद की या तो कल्पना ही नहीं करते या इसे संभव नहीं मानते। दूसरी ओर कस्बों और शहरों में रहनेवाले दंपति संबंध-विच्छेद की कल्पना और संभावना से तो परिचित होते हैं, पर विच्छेद को चाहनेवालों का एक बड़ा

वर्ग उस दिशा में इसलिए नहीं बढ़ पाता, क्योंकि पारिवारिक व सामाजिक दबाव एवं कानूनी कठिनाइयाँ उसे आगे बढ़ने नहीं देती। दूसरे शब्दों में कहें तो व्यक्ति मजबूरी के कारण संबंध तोड़ नहीं पाता।।

प्रश्न यह भी खड़ा होता है कि व्यक्ति को किसी मजबूरी के कारण अनचाहे वैवाहिक संबंध को क्यों ढोना चाहिए? यहाँ एक प्रतिप्रश्न भी पूछा जा सकता है कि क्या अनचाहा संबंध वास्तव में 'अनचाहा' होता है? मनोवैज्ञानिक सोच कहती है कि अहं, स्वार्थ एवं अज्ञान के वशीभूत होकर बहुधा मनुष्य स्वयं की हानि स्वयं करता है। इसलिए जिसे वह 'मजबूरी' में ढोया गया 'अनचाहा' संबंध समझता है, वास्तव में वही उसके सुखी जीवन की कुंजी होता है, जिसका ज्ञान बहुतों को देर-सवेर हो जाता है तो कुछ को कभी नहीं होता। इसी ज्ञान के आधार पर ही विवाह बंधन को कभी न तोड़े जाने योग्य बंधन कहा जाता है।

बंधन की सफलता हेतु दंपती के समक्ष दो मुख्य शर्तें होती हैं—तालमेल व बराबरी का व्यवहार। इनमें से तालमेल अनिवार्य शर्त होती है तो बराबरी का व्यवहार पर्याप्त शर्त। प्रथम शर्त न्यूनतम होती है तो दूसरी अधिकतम। स्वाभाविक ही अधिकतम शर्त बड़ी होती है, अर्थात् बराबरी का व्यवहार तालमेल से अधिक महत्त्वपूर्ण होता है। जीवनसाथी के साथ तालमेल बैठाने व बराबरी का व्यवहार करने का जो प्रशिक्षण व अनुभव व्यक्ति को अटूट दांपत्य जीवन में मिलता है, वही विविध संबंधों में शेष व्यक्तियों के साथ तालमेल बनाने व बराबरी का व्यवहार करने में सहायक सिद्ध होता है। अर्थात् दांपत्य जीवन की सफलता के कारण व्यक्ति की सामाजिकता समृद्ध होती है।

(पाञ्चजन्य, 26 नवंबर, 2006)

□

सामाजिक संगठन और कार्यकर्ता

सामाजिक संगठन का स्वास्थ्य

समाज में व्यक्ति और संगठन दोनों के क्रियाकलाप चलते रहते हैं। व्यक्ति को एक योग्य और सार्थक जीवन जीने के लिए कई विधि-निषेधों का पालन करना पड़ता है। उसी प्रकार सामाजिक संगठनों की सार्थकता भी कई विधि निषेधों से निर्धारित होती है।

थोड़ा विचार करने पर पाते हैं कि व्यक्तियों और सामाजिक संगठनों में अनेक साम्य दिखाई देते हैं। जो बातें व्यक्तियों के लिए लागू होती हैं, वही संगठनों के लिए भी महत्त्वपूर्ण दिखाई देती हैं। यद्यपि आयु और स्वास्थ्य की दृष्टि से व्यक्तियों में भिन्नताएँ पाई जाती हैं—किसी की आयु बड़ी होती है और किसी की छोटी, किसी का स्वास्थ्य अच्छा रहता है और किसी का खराब, परंतु सामान्यत: हम यह पाते हैं कि युवावस्था पूरी होने के पश्चात् एक उपयोगी एवं अर्थपूर्ण जीवन जीने के लिए व्यक्ति को स्वास्थ्य की अधिक चिंता करनी पड़ती है। ठीक उसी प्रकार संगठनों की आयु और स्वास्थ्य (कर्तृत्व शक्ति) में भी भिन्नताएँ होती हैं, परंतु उनके लिए भी एक आयु के पश्चात् अपनी उपयोगिता एवं सार्थकता बनाए रखने के लिए स्वास्थ्य की चिंता करना आवश्यक हो जाता है। जैसे बढ़ती आयु के साथ मनुष्य को कई रोग घेर लेते हैं, वैसे ही संगठन भी रोगग्रस्त हो जाते हैं और जैसे एक दिन मनुष्य का अंत हो जाता है, वैसे ही प्राय: संगठनों का भी अंत हो जाता है।

संगठन की आयु

दुर्घटनाओं और अनपेक्षित रोगों के कारण काल-कवलित हो जानेवाले मनुष्यों की बात छोड़ दी जाए तो यह कहा जा सकता है कि जो व्यक्ति अपने स्वास्थ्य की अधिक चिंता करता है, वह दीर्घजीवी होता है। यही बात संगठनों पर भी लागू होती है। हाँ, मनुष्य कितना भी स्वस्थ और दीर्घजीवी हो, उसका अंत अवश्य होता है। पर स्वाभाविक ही यह प्रश्न पूछा जा सकता है कि क्या संगठनों का अंत भी अवश्यंभावी होता है? प्रश्न का उत्तर 'हाँ' में मान लें तो एक और प्रश्न खड़ा हो जाता है कि जैसे मनुष्य का अंत स्पष्ट दिखता है, क्या वैसे ही संगठन का भी अंत दिखाई देता है? संभवत: दोनों प्रश्न उतने जटिल नहीं हैं, जितने दिखाई देते हैं। सामाजिक संगठनों के इतिहास के अध्ययन से हमें पहले प्रश्न का उत्तर मिल जाता है और प्राय: हम यह पाते हैं कि संगठन विशेष चाहे दीर्घजीवी हुए हों, पर उनका अंत होता ही है और इतिहास पटल पर नए संगठन जन्म लेते रहते हैं। संगठनों के सामाजिक प्रभाव और उपयोग के अध्ययन से दूसरे प्रश्न का उत्तर मिल जाता है। जब संगठन का ढाँचा (शरीर) तो दिखाई दे, परंतु उसमें विकृतियाँ प्रबल हो जाएँ और उसकी सामाजिक सार्थकता व उपयोगिता (प्राण) समाप्त प्राय: हो जाए तो संगठन का अंत हो जाता है।

यद्यपि मनुष्य की मृत्यु निश्चित होती है, फिर भी उसे यह शिक्षा दी जाती है कि वह दीर्घजीवी और निरोगी होने का प्रयत्न करे और अपने उद्‍देश्य प्राप्ति में लगा रहे। ठीक उसी प्रकार संगठनों के लिए भी यह अभिप्रेत होता है कि वे दीर्घजीवी और निरोगी बनें और अंतिम क्षण तक अपने लक्ष्य-प्राप्ति में लगे रहें।

प्रश्न यह उठता है कि इसके लिए संगठनों को क्या करना चाहिए? उत्तर में यह कहना उचित लगता है कि बार-बार अपने मूल उद्‍देश्य को स्मरण करने, यथास्थितिवाद से बचने, संगठनों के पदाधिकारियों, कार्यकर्ताओं व सदस्यों का ध्येयवाद बनाए रखने, मनुष्यों की विकृतियों को संगठन में हावी न होने देने और संगठनों में आकलन, मूल्यांकन, आत्मपरीक्षण व

आत्मालोचन की सतत प्रक्रिया बनाए रखने से संगठन दीर्घजीवी व निरोगी होते हैं।

रोग कैसे-कैसे

प्रमुखतः 4–5 प्रकार के रोग संगठनों को लगते हैं। कालक्रम में भिन्न-भिन्न कार्यशैली वाले और भिन्न-भिन्न प्रेरणा, स्वभाव, समझ और क्षमता रखनेवाले लोग संगठनों में प्रमुख पदों व स्थानों पर पहुँचते हैं। स्वाभाविक ही उनके बीच संवाद व तालमेल की व एकमत बनाने की कठिनाइयाँ खड़ी होती हैं। यदि संवाद व तालमेल की सुचारु व्यवस्था न बनाई जाए तो व्यक्तित्व व अहं संघर्ष, मतभेद, मनभेद, गुटबाजी आदि रोग संगठन को लग जाते हैं। यदि एक बार वे रोग संगठन को लगते हैं तो अनिर्णय की स्थिति व यथास्थितिवाद हावी होने लगते हैं और अनेक विषयों में भूमिका निभाने में संगठन अप्रभावी हो जाते हैं। संगठनों में प्रायः एक वर्ग ऐसे लोगों का भी होता है, जिनके निजी स्वार्थ, महत्त्वाकाक्षाएँ, पद-प्रतिष्ठा मोह आदि अधिक प्रबल होते हैं और ऐसे व्यक्तियों को समय पर नहीं रोका गया तो संगठन में वे हावी हो जाते हैं। खोटे सिक्के से खरा सिक्का पिटने लगता है।

संगठन के प्रयासों से एक स्थिति ऐसी भी आती है, जब समाज में उसे एक प्रतिष्ठा मिल जाती है और वह एक शक्ति बन जाता है। प्रतिष्ठा और शक्ति के दुरुपयोग का रोग भी संगठनों को लगता है। ऐसा ही एक दुरुपयोग अथवा रोग होता है धन-संपत्ति अर्जन व ऐश्वर्य रोग। ऐसी अवस्था में संगठन में साधन संपन्नता को प्रमुखता मिलने लगती है।

उपर्युक्त रोगों के उल्लेख में ही उनके निदान के सूत्र छिपे हैं। यदि योग्य सावधानी बरती गई तो रोगों को न्यूनतम स्तर पर रखा जा सकता है और संगठन को दीर्घजीवी बनाया जा सकता है। जहाँ तक संगठन की मृत्यु का विषय है, तो संभवतः प्रकृति का यह विधान है कि देर-सवेर भिन्न-भिन्न रोग संगठनों को इस सीमा तक जकड़ लेते हैं कि वे अमरता को प्राप्त नहीं कर पाते।

संगठनों को निरोगी बनाने का प्रयत्न उनकी सार्थकता के लिए तो

वांछनीय होता ही है, पर एक अन्य कारण से भी वह आवश्यक होता है। किसी समाज की लाभ-हानि उसके सदस्यों के सत्कर्मों अथवा दुष्कर्मों से निर्धारित होती है। यद्यपि समय-समय पर मानव समाज में महापुरुषों अथवा दुष्पुरुषों के रूप में ऐसे व्यक्ति सामने आते हैं, जिनका कर्तृत्व समाज पर अपनी गुणात्मक छाप छोड़ता है, परंतु दीर्घकालिक दृष्टि से मनुष्य एक सीमा तक ही वह कर पाते हैं। व्यक्ति की तुलना में सामाजिक संगठनों में शुभ व अशुभ करने की क्षमता कहीं अधिक होती है। इसलिए तो व्यक्ति की शुभ करने की मर्यादा के कारण सामाजिक संगठन अस्तित्व में आते हैं। परंतु संगठन यदि शुभ अधिक कर सकते हैं तो अशुभ भी अधिक कर सकते हैं। एक गुंडे का समाज में उतना आतंक नहीं होता, जितना गुंडों के पूरे दल का होता है। एक आतंकवादी समाज जीवन को उतना प्रभावित नहीं कर पाता, जितना उनका एक संगठन कर पाता है। यहाँ संकेत प्रारंभ से ही गलत उद्देश्यों के लिए संगठित होनेवालों के प्रति नहीं है, परंतु उनके प्रति है, जो संगठन का निर्माण तो अच्छे उद्देश्य से करते हैं, परंतु जिनका संगठन रोगी होते-होते समाज के लिए अशुभकारी बन जाता है। ऐसा संगठन समाज की बड़ी हानि करता है, क्योंकि अनेक सामाजिक रोगियों के दुष्कर्म समाज पर अपना प्रभाव डालते हैं। यह प्रभाव अधिक गहरा और अधिक दीर्घकालिक होता है। भारत के राजनीतिक जीवन में हमें इसका प्रत्यक्ष अनुभव मिल रहा है। इसलिए जो संगठन अच्छे उद्देश्यों के लिए स्थापित होते हैं, उनके प्रमुखों का यह दायित्व भी बन जाता है कि वे संगठन को इसलिए भी निरोगी बनाएँ, ताकि संगठन मूल उद्देश्य से ही न भटक जाए।

(पाञ्चजन्य, 26 दिसंबर, 2004)

□

सहयोग और टीम भावना

जिस प्रकार कोई समाज अथवा राष्ट्र नागरिकों के बिना नहीं बनता, वैसे ही संभवतः कोई देश सामाजिक संस्थाओं के बिना भी नहीं चलता। एक समाज के तात्कालिक एवं दूरगामी अस्तित्व में अनेक प्रकार की सामाजिक संस्थाएँ उपयोगी भूमिका निभाती हैं। समाज के प्रति व्यक्ति का एक दायित्व होता है। व्यक्ति प्रायः अनुभव करता है कि दायित्व निर्वहन सामाजिक संस्था द्वारा अधिक प्रभावी होता है। इसलिए संस्थाएँ जन्म लेती हैं। सार्वजनिक जीवन में संस्थाओं का प्रारंभ होना जितनी सामान्य बात है, उतनी ही सामान्य है उनकी तालाबंदी। यदि संस्थाएँ बंद न भी हों तो वे सरलता से प्रभावी नहीं बन पातीं। वे प्रभावी बन जाएँ, उनका प्रभाव निरंतर बढ़ता रहे, वे अपने उद्देश्य से न भटकें और आंतरिक झगड़ों-तनावों से मुक्त रहें, यह और भी कठिन होता है।

एक प्रभावी सफल एवं स्वस्थ संस्था के लिए मुख्यतः तीन शर्तें लागू होती हैं—1. स्पष्ट उद्देश्य, 2. योग्य कार्यकर्ता, 3. सामूहिकता की कार्यपद्धति। इनमें से प्रथम पर्याप्त की श्रेणी में आती है और शेष दो अनिवार्य की श्रेणी में। तीनों का महत्त्व भी बराबर नहीं होता। दूसरी पहली से अधिक महत्त्वपूर्ण होती है और तीसरी दूसरी से अधिक। तीनों शर्तों में प्रथम का परोक्ष व शेष दोनों का प्रत्यक्ष संबंध व्यक्तियों से होता है। कागज पर लिखे उद्देश्य कुछ भी हों, पर संस्था में सक्रिय कार्यकर्ताओं को उद्देश्य की 'स्पष्टता' होनी चाहिए। उद्देश्य कुछ भी हों और संस्था में सक्रिय कार्यकर्ताओं को

उद्‌देश्य की स्पष्टता भी हो, पर उसकी प्राप्ति हेतु संस्था के पास 'योग्य' कार्यकर्ता न हों तो संस्था प्रगति नहीं कर सकती। उद्‌देश्य की स्पष्टता हो, कार्यकर्ता भी योग्य हों, परंतु उनमें 'सामूहिकता' (टीम) की भावना न हो तो संस्था प्रभावी नहीं हो पाती।

प्रथम (पर्याप्त) शर्त की चर्चा यहाँ न करते हुए शेष दो (अनिवार्य) की चर्चा हम करते हैं। पहले सर्वाधिक महत्त्वपूर्ण शर्त लेते हैं। छोटा हो या बड़ा, मनुष्यों के किसी भी समूह में टीम भावना पैदा करना सबसे कठिन काम होता है। इसलिए सामाजिक संस्थाओं में सामूहिकता की कार्यपद्धति की अवहेलना होने की संभावना कदम-कदम पर रहती है। टीम भावना न बन पाने के कई कारण होते हैं, जिनका स्रोत होती हैं व्यक्तियों में पाई जानेवाली न्यूनताएँ, दुर्बलताएँ एवं दोष। कोई भी व्यक्ति सर्वगुण संपन्न नहीं होता और न ही कोई दोषों की खान। व्यक्ति में गुण होते हैं तो दोष भी। बड़े-से-बड़े व्यक्ति में भी कुछ दोष मिल जाते हैं। चूँकि संस्था व्यक्तियों से बनती है, इसलिए उसमें सक्रिय व्यक्तियों के गुण-दोषों का प्रभाव उसकी कार्यप्रणाली पर होना अपरिहार्य होता है। सावधानी न बरती गई तो प्राय: संस्थाओं को कार्यकर्ताओं के दोषों से हानि अधिक होती है और गुणों का लाभ कम मिलता है। सामूहिकता की कार्यपद्धति उसी सावधानी का नाम है।

संस्थाओं के कार्यकर्ताओं के गुण-दोष मुख्यत: उनके व्यक्तित्व के चार आयामों—स्वभाव, समझ, क्षमता और प्रेरणा से संबंधित होते हैं। अर्थात् कह सकते हैं कि कार्यकर्ताओं के इनसे संबंधित गुण-दोष संस्था में दो प्रकार के प्रभाव डालते हैं—एक, व्यक्तियों के संबंध में; दो, सामाजिक मुद्‌दों व गतिविधियों के विषय में—संस्था के एकमुखी बनने अथवा न बनने के रूप में। विषय छोटे हों या बड़े, प्राय: संस्था (कार्यकर्ताओं) का एकमुखी बनना कठिन प्रक्रिया होती है। एकमुखी न बन पाने से संस्था में कदम-कदम पर कठिनाइयाँ आती हैं।

व्यक्ति की जिन न्यूनताओं, दुर्बलताओं अथवा दोषों से संस्था एकमुखी नहीं बन पाती, वे हैं—स्वयं की प्रेरणा और समझ को श्रेष्ठ मानना, वरिष्ठ

अथवा पुराने होने का अहं, व्यक्ति परखने में चूक और उसके बारे में जल्दी ही अनुकूल अथवा प्रतिकूल धारणा बनाना, कान का कच्चा होना, सहयोगियों अथवा कार्यकर्ताओं में कुछ के प्रति राग तो कुछ से द्वेष, योग्य की उपेक्षा व अयोग्य का सम्मान, लक्ष्य प्राप्ति के प्रति उतावलापन, अधिकार के तुरंत उपयोग की वृत्ति, अपने मत का अत्यधिक आग्रह, मतभेदों के प्रति असहिष्णुता, उससे उपजा मनभेद, क्रोधी स्वभाव, झूठ बोलने अथवा चालाकी करने की आदत, स्वार्थसिद्धि हेतु सामाजिक कार्य करना, पद-प्रतिष्ठा का आकर्षण आदि।

सामूहिकता की कार्यपद्धति से उपर्युक्त दोषों पर अंकुश लगता है, गुणों का लाभ दुगुना हो जाता है और संस्था एकमुखी रहती है। अपवादों को छोड़ दें तो अकेला व्यक्ति चाहे कितना ही प्रतिभावान व क्षमतावान हो, बहुत-कुछ नहीं कर पाता। उद्‌देश्य की पूर्ति हेतु व्यक्ति को सहयोगियों की आवश्यकता पड़ती ही है। वह आवश्यकता कार्य विस्तार के साथ बढ़ती जाती है। संस्था में नए व्यक्ति जुड़ते हैं। कालक्रम में कार्यकर्ताओं की पीढ़ियाँ भी बदलती हैं। नए व्यक्ति और नई पीढ़ी का क्रम संस्था में चलता रहता है। संस्था में यदि एक बार दोष हावी हो गए तो नए कार्यकर्ताओं अथवा अगली पीढ़ी के लिए उन्हें रोकना कठिन होता है। इसलिए प्रायः पुरानी संस्थाएँ टूटती और मरती भी हैं। अनेक बार उनकी मृत्यु प्रत्यक्ष दिखाई नहीं देती। कारण, संस्था शरीर के रूप में जीवित रहती है, जबकि उसके प्राण (सार्थक प्रभाव) समाप्त हो जाते हैं। सामूहिकता की कार्यपद्धति संस्थाओं को शरीर और प्राण दोनों रूपों में जीवित रखती है।

संस्था के कार्यकर्ताओं में वरिष्ठ एवं कनिष्ठ कार्यकर्ता होते ही हैं। कार्यपद्धति को लागू करना वरिष्ठ लोगों का काम होता है। यह एक सतत प्रक्रिया होती है। एक बार और किसी एक स्तर पर उसका आग्रह कर देना पर्याप्त नहीं होता। वास्तव में, वरिष्ठ लोग जब तक कार्यपद्धति का महत्त्व नहीं समझते और उसे दृढ़तापूर्वक संस्था में लागू नहीं करते, तब तक वह संस्था में स्थापित हो ही नहीं पाती। कार्यपद्धति की अवहेलना भी प्रायः वरिष्ठ

लोगों द्वारा ही की जाती है। विशेषकर वरिष्ठों के उस वर्ग द्वारा, जिसमें उपर्युक्त दोष अधिक होते हैं। ऐसे वरिष्ठ लोग कार्यपद्धति को अव्यावहारिक व अनावश्यक मानते हैं। उनके कारण ही संस्थाएँ टूटती व मरती हैं।

यहीं से प्रभावी, सफल एवं स्वस्थ संस्था के लिए दूसरी अनिवार्य शर्त (योग्य कार्यकर्ता) का महत्त्व ध्यान में आता है। योग्य की परिभाषा करना यद्यपि बहुत पेचीदा विषय होता है, पर असंभव नहीं। उसके पेचीदा होने के तीन कारण होते हैं—पहला, प्रत्येक व्यक्ति में गुण-दोष दोनों होते हैं। दूसरा, उनका अनुपात मापना सरल नहीं होता। तीसरा, मापनेवाले व्यक्तियों के लिए गुण-दोषों के मापदंड भिन्न होते हैं। फिर भी योग्य की परिभाषा करनी तो होती ही है। मोटे तौर पर कह सकते हैं कि कार्यकर्ता में स्वभाव, समझ, क्षमता और प्रेरणा संबंधी गुण जितने अधिक होते हैं, वह उतना ही योग्य होता है। नकारात्मक ढंग से कहें तो योग्य कार्यकर्ता वह होता है, जिसमें उपर्युक्त दोष न हों।

संस्था की स्थापना करनेवाले, उनके उत्तराधिकारी अथवा संस्था में वरिष्ठ बन गए लोग यदि स्वयं दोषों से युक्त हों अथवा उन पर उद्देश्य प्राप्ति का उतावलापन हावी हो जाए या व्यक्ति-परख में वे निपुण न हों तो उनके द्वारा गुण-दोषों के सम्यक् आकलन में चूक होना और संस्था में योग्य की उपेक्षा व अयोग्य को प्रोत्साहन का रोग प्रवेश कर जाता है। यही रोग बढ़ने से संस्था अपने अंत की ओर बढ़ने लगती है। अत: सामूहिकता की कार्यपद्धति के साथ-साथ संस्था में योग्य की पहचान, उसे प्रोत्साहन, अयोग्य को योग्य बनाने (दोष निवारण) तथा आवश्यकतानुसार अयोग्य की छुट्टी की व्यवस्था भी अनिवार्य होती है।

(पाञ्चजन्य, 19 दिसंबर, 2004)

□

संगठन और संगठक

समाज में किसी बड़े उद्‌देश्य की प्राप्ति हेतु सामाजिक संगठनों का निर्माण होता है। संगठन का अर्थ है—अनेक व्यक्ति। अगर संगठन के झंडे तले एकजुट होनेवाले व्यक्तियों में तालमेल व साथ काम करने की मानसिकता (सामूहिकता की भावना) न हो तो संगठन नहीं बनता है। पर क्या सामूहिकता की भावना होना ही पर्याप्त है, विशेषकर लक्ष्य-प्राप्ति की ओर तेजी से बढ़ना हो तो? यथाशीघ्र उद्‌देश्य प्राप्त करना संगठनों की सहज चाह होती है, पर संगठन की गति इस बात पर निर्भर करती है कि उसके कार्यकर्ताओं में योग्यता का स्तर क्या है? 'योग्य' कार्यकर्ताओं के बल पर संगठन प्रभावकारी बनता है। संगठन की स्थापना करनेवालों लोगों के लिए केवल इतना ही आवश्यक नहीं होता कि वे संगठन के संपर्क में आनेवाले कार्यकर्ताओं की योग्यता को परखकर उन्हें आगे बढ़ाएँ, बल्कि उन्हें 'अयोग्य' को भी 'उचित' महत्त्व देना चाहिए।

सामाजिक संगठन में, विशेषकर जब वह प्रभावी होने लगता है, इस बात की पूरी संभावना रहती है कि उसमें योग्य की उपेक्षा व तिरस्कार हो तथा अयोग्य को प्रोत्साहन व महत्त्व प्राप्त हो। किसी संगठन में जब यह प्रवृत्ति अधिक होने लगती है, तब संगठन का पतन प्रारंभ हो जाता है। अत: योग्य-अयोग्य की परख संगठक का अपरिहार्य कार्य बन जाता है, जिसे कदापि सरल नहीं माना जा सकता।

योग्य-अयोग्य के निकषों को देखें तो चार निकषों पर ध्यान जाता है—

व्यक्ति की क्षमता, समझ, प्रेरणा और स्वभाव संबंधी गुण-अवगुण। यद्यपि चारों निकष महत्त्वपूपर्ण होते हैं, परंतु उनमें से प्रथम निकष का अतिरिक्त महत्त्व होता है, क्योंकि क्षमता की परख करनी हो अथवा अन्य निकषों पर व्यक्ति को परखना हो तो वह भी स्वयं क्षमता संपन्न व्यक्ति ही कर सकता है। संक्षेप में कहना हो तो जिसकी क्षमता अधिक हो; व्यक्तियों, परिस्थितियों व परिवेश की जिसकी समझ अच्छी हो, जो प्रेरणा से स्वार्थरहित हो; स्वभाव से जो चार लोगों के साथ चल सके; वह योग्य होता है।

निकषों के विस्तार में जाने पर पाएँगे कि व्यक्ति की क्षमता में उसकी बौद्धिक व शारीरिक क्षमता, प्रबंधन दक्षता, संगठन कुशलता, नेतृत्व गुण, दूरदृष्टि, वक्तृत्वकला, स्मरण शक्ति—सभी महत्त्वपूर्ण स्थान रखते हैं। दुनिया के उतार-चढ़ाव की बखूबी समझ व्यक्ति को होनी चाहिए। ऐसे व्यक्ति को सामाजिक कार्य करते समय आर्थिक लाभ अथवा पद-प्रतिष्ठा, सत्ता आदि का मोह नहीं होना चाहिए। उसमें सत्यवादिता, सिद्धांतवादिता, न्यायप्रियता, परिश्रमशीलता भी होनी चाहिए तथा उसे मुदृभाषी, मितभाषी, निरहंकारी, अक्रोधी, क्षमाशील होना चाहिए। निकषों के बीच विभाजन रेखाएँ नहीं डाली जा सकतीं। उदाहरण के लिए, क्षमता और समझ कहीं मिलते दिखाई देते हैं तो प्रेरणा और स्वभाव भी कहीं एकरूप हो जाते हैं।

व्यक्ति परख के संपूर्ण संदर्भ में 2-4 बातें काफी महत्त्वपूर्ण होती हैं। पहली तो यह कि व्यक्ति में गुण-दोष दोनों होते हैं। पूर्णतः गुणी अथवा अवगुणी व्यक्ति शायद ही देखने को मिलता हो। इसलिए योग्य-अयोग्य की परख स्थूलरूपेण ही होती है। दूसरी यह कि हर व्यक्ति का एक मौलिक व्यक्तित्व होता है। अनुभव कहता है कि वह व्यक्तित्व प्रायः नहीं बदलता। तीसरी, व्यक्ति की योग्यता, उसकी आयु अथवा सामाजिक जीवन में उसके द्वारा बिताए समय से निर्धारित हो, यह आवश्यक नहीं होता। चौथी, एक ही व्यक्ति में परस्पर विरोधी तत्त्व एक साथ मिल जाते हैं, जैसेकि एक निस्स्वार्थी व्यक्ति कई बार कार्यकुशल नहीं होता अथवा समझदार व्यक्ति आलसी हो सकता है। उसी प्रकार ज्ञानी व्यक्ति अहंकारी हो जाता है तो स्वाभिमानी

व्यक्ति दूसरों से तालमेल नहीं बैठा पाता। बौद्धिक व्यक्ति दुनियादारी में कमजोर हो सकता है। विविध प्रकार के गुण-दोषवाले व्यक्ति संगठन से जुड़ते ही हैं, इसलिए व्यक्ति को सँभालने, उसकी योग्यता को प्रोत्साहन देने तथा अयोग्य को सीमा में रखने का कार्य संगठक को करना पड़ता है। किसी कार्यकर्ता की सँभाल, देख-रेख में अतिवाद ठीक नहीं होता, परंतु वह सरल कार्य भी नहीं होता, विशेषकर अयोग्य को बंधन में रखने का कार्य। योग्य को प्रोत्साहन देने के बारे में भी कहा गया है कि प्रोत्साहन में जल्दबाजी नहीं करनी चाहिए। इससे अच्छा आदमी भी बिगड़ता है। इस स्थिति में मनोविज्ञान की समझ आवश्यक हो जाती है।

पूर्व में कहा गया कि मनुष्य का एक मौलिक व्यक्तित्व होता है, जिसमें अधिक परिवर्तन नहीं होता, पर थोड़े-बहुत परिवर्तन की संभावना अवश्य रहती है। संगठक कुशल हो तो उसे वह प्राप्त कर लेता है। साथ ही व्यक्ति को कभी भी मशीन नहीं मानना चाहिए। व्यक्ति योग्य हो या अयोग्य, उसकी संवेदनाओं का ध्यान रखना अति महत्त्वपूर्ण होता हैं, पर संवेदनाएँ विवेक पर हावी हो जाएँ तो संगठन की हानि होती है। जो संगठक इस कार्य को कुशलतापूर्वक, परंतु दृढ़तापूर्वक करते हैं, वे ही संगठन को गतिपूर्वक लक्ष्य की ओर ले जाते हैं।

(पाञ्चजन्य, 17 जुलाई, 2005)

□

सामाजिक कार्यकर्ता की कठिनाइयाँ

राष्ट्रीय स्वयंसेवक संघ के द्वितीय सरसंघचालक श्रीगुरुजी की जन्मशती के उपलक्ष्य में इन दिनों भारत में अनेक आयोजन किए जा रहे हैं। श्रीगुरुजी मूलतः एक आध्यात्मिक व्यक्ति थे, उन्होंने संन्यास की दीक्षा भी ली थी। स्वामी विवेकानंद के गुरुभाई स्वामी अखंडानंद श्रीगुरुजी के गुरु थे।

यदि श्रीगुरुजी ने संन्यासी जीवन अपनाया होता तो उनकी जो प्रतिभा संघ के कारण प्रकट हुई, वह संन्यासी गुरुजी के जीवन में भी अवश्य प्रकट होती। अनेक लोगों का मानना है कि यदि वे संन्यासी बने होते तो स्वामी विवेकानंद व महर्षि अरविंद की श्रेणी के संन्यासी सिद्ध हुए होते। परंतु भगवा वस्त्रधारी संन्यासी के रूप में मोक्ष प्राप्ति का मार्ग अपनाने की बजाय राष्ट्रीय स्वयंसेवक संघ के एक स्वयंसेवक अर्थात् स्वयं पहल करनेवाले राष्ट्रसेवक का मार्ग उन्होंने चुना। सामान्य शब्दों में कहें तो उन्होंने एक सामाजिक कार्यकर्ता का मार्ग अपनाया।

राष्ट्र जीवन में राष्ट्रीय स्वयंसेवक संघ के योगदान का विचार करें तो लगता है कि संघ का मौलिक योगदान सामाजिक कार्यकर्ताओं की बहुत बड़ी श्रृंखला निर्माण करना है। स्थूल रूप में यही संघ का उद्‌देश्य भी था, जो उसके नामकरण में भी अभिव्यक्त होता है। राष्ट्रीय स्वयंसेवक संघ अर्थात् राष्ट्र सेवा के लिए उद्यत स्वयंसेवकों (कार्यकर्ताओं) का संघ।

सूक्ष्म रूप में संघ का उद्‌देश्य था—हिंदू राष्ट्र की अवधारणा की प्रतिष्ठा व हिंदू समाज का संगठन। पर स्थूल उद्‌देश्य की प्राप्ति के बिना सूक्ष्म

उद्देश्य की प्राप्ति असंभव थी। हजारों प्रचारक व लाखों गृहस्थ कार्यकर्ताओं के रूप में सामाजिक सैनिक संघ ने तैयार किए। इन सैनिकों के निर्माण में श्रीगुरुजी ने स्वयं का उदाहरण प्रस्तुत करते हुए अभूतपूर्व भूमिका निभाई। व्यक्ति के लिए सामाजिक कार्य के महत्त्व को रेखांकित करनेवाला उनका एक बोध वाक्य ध्यान देने लायक है। एक अवसर पर उन्होंने कहा था, 'निष्क्रियता व्यक्ति की श्रेष्ठता को समाप्त कर देती है।' उनका अभिप्राय क्या था? निश्चित ही एक ओर वे यह कह रहे थे कि व्यक्ति सामान्य हो अथवा श्रेष्ठ, उसे सामाजिक कार्य में सक्रिय रहना चाहिए। पर दूसरी ओर उनका संकेत एक अति महत्त्वपूर्ण बात की ओर था। अनेक बार यह दिखाई देता है कि सामाजिक कार्य में आनेवाली कठिनाइयों का हवाला देकर क्षमता अथवा प्रतिभासंपन्न व्यक्ति स्वयं की निष्क्रियता को सही ठहराते हैं। श्रीगुरुजी का संकेत था कि ऐसा व्यक्ति अपनी श्रेष्ठता खो देता है एवं व्यक्ति की श्रेष्ठता अर्थहीन होती है।

यहाँ एक प्रश्न खड़ा होता है। क्या समाज हित इच्छुक प्रतिभा एवं क्षमतायुक्त प्रामाणिक व्यक्ति को सामाजिक कार्य में कठिनाई का सामना नहीं करना पड़ता? भारत में तो निश्चित करना पड़ता है। ऐसे व्यक्ति को तीन प्रकार की कठिनाइयाँ अनुभव में आती हैं—1. समाज में स्वार्थ-भाव की बहुलता एवं समाज हित के विषयों में लोगों की प्रायः अरुचि एवं उदासीनता, 2. सामाजिक हित की प्रामाणिक इच्छा रखनेवाले पर सामाजिक कार्य हेतु सक्रिय न होनेवाले लोग, 3. सामाजिक कार्य हेतु किसी संगठन का कार्यकर्ता बनने पर संगठन में सक्रिय भाँति-भाँति के लोगों के साथ व्यक्ति को होनेवाली तालमेल की समस्याएँ।

तो एक प्रामाणिक व्यक्ति को क्या करना चाहिए? उत्तर स्पष्ट है—कठिनाइयों पर विजय पाना। नैतिक दृष्टि से सामाजिक दायित्व निभाना व्यक्ति का सहज कर्तव्य होता है। सामाजिक कार्य करना न तो समाज पर उपकार होता है और न ही मनमर्जी का विषय।

कठिनाइयों के थोड़ा विस्तार में जाएँ तो प्रथम कठिनाई न होती तो

सामाजिक कार्य की आवश्यकता ही क्यों पड़ती? व्यक्ति का सामाजिक विवेक जितना जाग्रत् होता है, उतना ही इस कठिनाई से हतोत्साहित न होने का महत्त्व उसे समझ में आता है। दूसरी कठिनाई भी प्रथम से अधिक भिन्न नहीं होती। वास्तव में, सामाजिक कार्यकर्ता बनने की सार्थकता इसी में होती है कि अन्यों को कार्यकर्ता बनाना, अर्थात् एक संगठक बनना और अधिक सामाजिक कार्यकर्ता खड़े करना। ऐसे में व्यक्ति को संगठक की कुशलता भी अर्जित करनी पड़ती है। कुशलता के मुख्य तत्त्व होते हैं—व्यक्ति की परख की क्षमता, गुण-दोषों सहित व्यक्ति की सँभाल, प्रतिभा एवं क्षमतायुक्त व्यक्ति को सक्रिय करना आदि। किसी कारण से निष्क्रिय हुए श्रेष्ठ व्यक्तियों को सक्रिय करना संगठक की सर्वश्रेष्ठ कुशलता होती है।

तीसरी कठिनाई सर्वाधिक पेचीदा होती है। संभवतः इस कठिनाई के कारण निष्क्रिय हो जानेवाले श्रेष्ठ लोगों के संबंध में ही श्रीगुरुजी ने बोधवाक्य कहा था। किसी संगठन में कार्य करने पर व्यक्ति का संगठन में कार्य कर रहे तीन-चार प्रकार के कार्यकर्ताओं से संबंध होता है—(क) स्वार्थी व अप्रामाणिक कार्यकर्ता; (ख) छोटी प्रेरणा, समझ व क्षमतावाले कार्यकर्ता; (ग) प्रामाणिक कार्यकर्ता, जिनसे मतभेद अथवा व्यक्तित्व का टकराव हो जाता है; (घ) प्रामाणिक, परंतु स्वभाव अथवा कार्यशैली के दोषों से युक्त कार्यकर्ता। ऐसी स्थिति में व्यक्ति क्या करे? उत्तर फिर वही है—कठिनाई से जूझना। एक और उत्तर भी है—संगठन से अलग होकर कार्य करना अथवा अपना संगठन बनाना। यह मार्ग कितना कठिन होता है, यह वही जानते हैं, जिन्होंने इसके प्रयोग किए हों। इसलिए संगठन न छोड़ते हुए कठिनाई का हल ढूँढ़ना अधिक परिणामकारी होता है।

उपर्युक्त चार प्रकार के व्यक्तियों का विचार करें तो प्रथम प्रकार के व्यक्तियों को संगठन में प्रभावहीन करना भी सामाजिक कार्य होता है। दूसरे प्रकार के व्यक्तियों के संबंध में कार्यकर्ता को कुशलतापूर्वक एक स्थिति लानी पड़ती है और वह है—व्यक्ति को उसकी प्रेरणा, समझ और क्षमता के अनुरूप ही काम और महत्त्व मिलना। तीसरे प्रकार के व्यक्तियों का विचार

करें तो मतभेद होना किसी संगठन की शक्ति होती है, कमजोरी नहीं। जहाँ चार व्यक्ति साथ काम करें, वहाँ मतभेद होना स्वाभाविक होता है और मतों के मंथन से बेहतर निष्कर्ष निकलते हैं। व्यक्तित्व टकराहट अहंकार टकराहट का दूसरा नाम होता है। एक कार्यकर्ता अपना विवेक न छोड़े तो मतभेदों से उसे कोई कठिनाई नहीं होती और अहंकार को वश में कर ले तो व्यक्तित्व टकराहट से भी वह बच जाता है। इसी प्रकार विवेकी एवं अहंशून्य कार्यकर्ता को स्वभाव व कार्यशैली के दोषोंवाले चौथे प्रकार के व्यक्ति से भी कठिनाई नहीं होती। दायित्व भाव से जब व्यक्ति सामाजिक कार्यकर्ता बनता है और संगठन के महत्त्व को भी समझता है तो स्वभाव व कार्यशैली के स्वयं के दोष भी उसे दूर करने पड़ते हैं तथा साथियों के दोषों के बावजूद उनके साथ तालमेल बैठाना पड़ता है। सर्वगुण संपन्न व्यक्ति की खोज मृगमरीचिका के अतिरिक्त कुछ नहीं होती। वास्तव में तो समाजहित और सामाजिक कार्य की ओर बढ़ने का प्रथम चरण ही होता है—भाँति-भाँति के लोगों के साथ तालमेल बैठाना। समाजहित के लिए स्वार्थ को तो छोड़ना ही पड़ता है, पर अविवेक और अहं भी उसकी प्राप्ति में सहायक नहीं होते।

(पाञ्चजन्य, 21 मई, 2006)

□

व्यक्ति की परख

समाज के प्रति दायित्व बोध के कारण कोई व्यक्ति सामाजिक कार्यकर्ता बनता है। दायित्व भाव एक सात्त्विक गुण होता है, अतः इस भाव में पगा एक सज्जन व्यक्ति अच्छा सामाजिक कार्यकर्ता बनता है। सज्जनता का मनुष्य की एक और वृत्ति से भी गहरा संबंध होता है और वह है भोलापन। एक सज्जन व्यक्ति का भोला होना कोई आश्चर्यजनक बात नहीं होती। तो जैसे सज्जनता सामाजिक कार्यकर्ता का गुण होता है, वैसे क्या भोलापन भी एक गुण होता है? संभवतः उत्तर निर्विवाद है कि भोलापन गुण नहीं माना जा सकता। पर यह प्रश्न खड़ा करने की आवश्यकता क्यों पड़ रही है? आवश्यकता इसलिए पड़ रही है, क्योंकि कभी-कभी आभास होता है कि सामाजिक कार्य अथवा संगठन में कार्यरत व्यक्ति के भोलेपन की वजह से कार्य में बाधाएँ उत्पन्न होती हैं। क्या बाधाएँ उत्पन्न होती हैं?

हम प्रायः देखते हैं कि सज्जनता और समर्पण भाव में पगा व्यक्ति किसी संगठन में लंबे समय काम करने के कारण वरिष्ठ भी बन जाता है और सम्माननीय भी बन जाता है। वरिष्ठ व्यक्ति यदि भोला हो तो वह संगठन में कठिनाइयों का कारण बनने लगता है। ऐसे वरिष्ठ, सम्माननीय परंतु भोले व्यक्ति के कई निर्णय प्रायः संगठन के लिए हानिकारक सिद्ध होते हैं। यह निर्णय व्यक्तियों के विषय में हो सकते हैं अथवा संगठन की गतिविधियों अथवा दिशा के संबंध में।

प्रायः वरिष्ठ, परंतु भोला सामाजिक कार्यकर्ता व्यक्तियों और परिस्थितियों

के आकलन में कमजोर सिद्ध होता है। वह संगठन में सक्रिय स्वार्थी व चतुर लोगों को न केवल पहचानने में विफल होता है, अपितु उनका मोहरा भी बन जाता है। उसके द्वारा संगठन में अवांछनीय व्यक्ति महत्त्व पा जाते हैं। योजना बनाने, गतिविधियों की प्राथमिकता तय करने, परिस्थिति के विश्लेषण तथा तदनुरूप संगठन की भावी दिशा तय करने जैसे अनेक विषयों में भोला नेता अप्रभावी अथवा अक्षम सिद्ध होता है।

तो इसका समाधान क्या है? उत्तर है कि सामाजिक कार्य करनेवाले अथवा संगठन में वरिष्ठ व्यक्ति को भोलेपन से बचना चाहिए। सज्जनता यदि उसका गुण होता है तो भोलापन उसका अवगुण। दूसरे शब्दों में कहें तो उसे सज्जन होने के साथ-साथ पर्याप्त मात्रा में समझदार भी होना चाहिए। एक सामाजिक कार्यकर्ता, विशेषकर नेता को प्रामाणिक तो होना चाहिए, पर साथ ही कार्यकुशल और क्षमता संपन्न भी होना चाहिए। जहाँ एक ओर समर्पण का गुण उसमें होना चाहिए, वहीं व्यक्ति-परख, दूरदृष्टि, सूक्ष्म विश्लेषण आदि गुण भी उसमें होने चाहिए।

(पाञ्चजन्य, 9 जुलाई, 2006)

□

शिक्षा

धर्माधिष्ठित समाज हेतु स्वायत्त शिक्षा

भारत एक प्राचीन राष्ट्र है और उसके समाज जीवन में धर्म का बहुत महत्त्व रहा है। भारतीय चेतना में यह मान्यता सदा रही है कि सबकुछ धर्म से सुसंगत होना चाहिए।

प्रश्न उठता है कि धर्म क्या है? वैसे तो धर्म को अनेक प्रकार से व्याख्यायित किया गया है, पर यहाँ धर्म की तीन व्याख्याएँ ही पर्याप्त रहेंगी। एक व्याख्या है—धर्मो धारयति प्रजा, जिसका शाब्दिक अर्थ है कि धर्म प्रजा को धारण करता है एवं जिसका भावार्थ है कि धर्म वह व्यवस्था है, जिससे प्रजा अर्थात् समाज का जीवन सुचारु रूप से चलता है। यह व्याख्या धर्म को एक समाजोपयोगी व्यवस्था के रूप में प्रस्तुत करती है।

दूसरी व्याख्या है—यतः अभ्युदय निश्रेयस सिद्धः स धर्मः, जिसका अर्थ है कि धर्म वह होता है जिससे मनुष्यों का सांसारिक व पारलौकिक जीवन दोनों सुचारु रूप से संपन्न होते हैं। इस व्याख्या में मनुष्य के जीवन में भौतिकता एवं आध्यामिकता दोनों के महत्त्व को रेखांकित किया गया है।

तीसरी व्याख्या के अनुसार धर्म कर्तव्य का पर्यायवाची शब्द बन जाता है, अर्थात् कर्तव्य का निर्वहन धर्म होता है।

तीनों व्याख्याओं का सारतत्त्व एक ही है, अर्थात् धर्म वह व्यवस्था होती है, जिससे प्रजा अर्थात् मानव समाज अपना कर्तव्य निभाते हुए सुखी जीवन जीता है। दूसरे शब्दों में कहें तो धर्म वे जीवन मूल्य हैं, जिन पर चलकर मानव समाज सुखी रहता है।

धर्म की संकल्पना भारतीय है, परंतु वह केवल भारत के लिए ही उपयोगी नहीं है। संपूर्ण विश्व के लिए धर्म उतना ही महत्त्वपूर्ण है, जितना भारत के लिए। किसी भी सामाजिक जीवन में कुछ विधि-विधान, नियम और व्यवस्थाएँ बनती हैं, जिनका पालन व्यक्ति को करना होता है और जिनको शासक (प्रशासन) ने लागू करना होता है। जब सामाजिक जीवन के संचालन के लिए विधि-विधान, नियमों और व्यवस्थाओं को समाजोपयोगी जीवन मूल्यों के अनुसार बनाया जाता है तो ऐसे समाज को धर्माधिष्ठित समाज कहा जाता है।

प्रश्न खड़ा होता है कि समाज व्यवस्था को धर्माधिष्ठित बनाने पर बल क्यों है? जब व्यवस्था (प्रथम व्याख्या) स्वयं में ही धर्म होती है, तब उसके साथ धर्माधिष्ठित विशेषण क्यों चाहिए? यहाँ हमें थोड़ा भाषा विज्ञान में जाना पड़ेगा। केवल तीन शब्द लें—संस्कार, आशीर्वाद एवं व्यवस्था। तीनों ही शब्द परिपूर्ण सकारात्मक हैं और उन्हें किसी विशेषण की आवश्यकता नहीं पड़नी चाहिए, पर फिर भी प्राय: विशेषणों के साथ ही उन्हें व्यक्त किया जाता है, जैसे कि सुसंस्कार, शुभाशीर्वाद एवं योग्य व्यवस्था। ऐसा संभवत: इसलिए किया जाता है, क्योंकि कालक्रम में कुछ शब्द प्रचलित अर्थ में मूल अर्थवाला प्रभाव निर्माण नहीं कर पाते।

धर्माधिष्ठित को स्पष्ट करने के लिए थोड़ा विस्तार में जाना चाहिए। समाज रचना में जहाँ एक ओर व्यक्तियों के पारस्पारिक संबंधों के विधि निषेध महत्त्वपूर्ण होते हैं, जैसे कि पुरूष नारी संबंध, पति-पत्नी संबंध, मालिक-मजदूर संबंध, शासक-प्रजा संबंध, दो पड़ोसियों का संबंध आदि वहीं अनेक व्यवस्थाएँ महत्त्वपूर्ण होती हैं, जैसे कि शासन व्यवस्था, अर्थव्यवस्था, न्याय व्यवस्था, शिक्षा व्यवस्था आदि। धर्माधिष्ठित समाज में ऐसे सभी संबंधों व व्यवस्थाओं के लिए जीवन मूल्यों के अनुसार विधिविधान एवं नियम बनाए जाते हैं।

अब हम अपने मुख्य विषय पर आते हैं अर्थात् धर्माधिष्ठित समाज व्यवस्था के लिए शिक्षा। यह तो एक निर्विवाद सत्य है कि शिक्षा व्यवस्था

समाज-व्यवस्था की रीढ़ होती है। शिक्षा व्यवस्था से वे नागरिक और भावी पीढ़ी निर्मित होते हैं, जिनसे समाज बनता है। विद्यालयों, महाविद्यालयों में शिक्षा प्राप्त करनेवाली पीढ़ी की धर्म अर्थात् जीवन मूल्यों संबंधी समझ जितनी गहरी होगी, उतनी ही समाज की धर्माधिष्ठित बनने की संभावना बनेगी। मानवीय समाज अंततोगत्वा तो अपने ज्ञान, समझ और चेतना से संचालित होता है। जब धर्म के संबंध में भावी पीढ़ी का ज्ञान और समझ स्पष्ट होंगे और वह उसकी चेतना का अविभाज्य अंग बन जाएँगे तो समाज का आचरण और व्यवहार सहज ही धर्माधिष्ठित बनने की ओर अग्रसर होगा।

यहाँ तीन प्रश्न उठते है—

(1) क्या भारत के वर्तमान परिदृश्य में धर्माधिष्ठित समाज एक कपोल-कल्पना नहीं है?

(2) विद्यार्थियों को धर्म का ज्ञान दिया जाता है तो क्या पढ़ाया जाता है?

(3) क्या भारत में तथाकथित धर्म निरपेक्षता के चलते यह संभव है?

प्रथम प्रश्न एक सारगर्भित प्रश्न है। भारत के वर्तमान बौद्धिक वातावरण में धर्म को पंथ का पर्यायी शब्द मानकर उसके अर्थ को विकृत कर दिया गया है तथा स्वाधीनता पश्चात् की भारत की उथली राजनीति में तथाकथित सैक्यूलेरिज्म को जो प्रतिष्ठा प्रदान की जा रही है, उसने धर्म को सांप्रदायिकता के समकक्ष खड़ा कर दिया है। साथ ही भारत के सार्वजनिक जीवन में गत वर्षों में नैतिकता का जो पतन हुआ है, उसके कारण धर्म और जीवन मूल्यों की बात करना सिद्धांतवादिता और कपोल-कल्पना लगने लगे हैं। परंतु प्रश्न का उत्तर भी स्पष्ट है—भारत को महान् बनाने का स्वप्न देखनेवालों को यह कल्पना साकार करनी ही पड़ेगी।

दूसरे प्रश्न का उत्तर सरल है। भारत के बौद्धिक जगत् में धर्म के संबंध में प्रचुर साहित्य उपलब्ध है। उसमें से विद्यार्थी के स्तर के अनुसार धर्म शिक्षा का पाठ्यक्रम बनाना कठिन कार्य नहीं है। संभवत: कुछ बातें पहले से ही पाठ्यक्रमों में सम्मिलित भी हैं, केवल वे धर्म शिक्षा के शीर्षक से नहीं

पढ़ाई जाती होंगी, उदाहरणार्थ भौतिकता व आध्यात्मिकता का संतुलन, नैतिक शिक्षा, नागरिकों के कर्तव्य, पर्यावरण सुरक्षा, बड़ों का आदर करना, वसुधैव कुटुंबकम् आदि।

वास्तविक कठिनाई तीसरे प्रश्न के कारण आएगी। भारतीय शिक्षा व्यवस्था में शासकीय हस्तक्षेप बहुत बड़ी मात्रा में दिखाई देता है। कुछ सीमा तक वह आवश्यक भी है, पर क्योंकि बौद्धिक वातावरण में धर्म के अर्थ को विकृत कर दिया गया है और शासन के पंथनिरपेक्ष होने की आवश्यकता को धर्मनिरपेक्षता कहा जाने लगा है, इसलिए शासकीय तंत्र धर्म को उसका उचित महत्त्व देने से बचता है। बात इतनी भर नहीं है। भारत में अनेक वर्षों से चल रही वोट बैंक की राजनीति के कारण तथाकथित धर्मनिरपेक्षता शासकीय रचना में सर चढ़कर बोलने लगी है और धर्म की बात करना ही अपराध माना जाने लगा है।

इसलिए शिक्षा व्यवस्था में जहाँ-जहाँ भी शासकीय (अर्थात् राजनीतिक) हस्तक्षेप है, वहाँ-वहाँ धर्म की शिक्षा की बात करना तात्कालिक परिवेश में संभव नहीं लगता। हाँ, राजनीति में जहाँ-जहाँ राष्ट्रवादी शक्तियाँ प्रभावी हैं, वहाँ शासकीय तंत्र द्वारा भी धर्मशिक्षा को प्रोत्साहन दिया जा सकता है।

परंतु भारतीय शिक्षा व्यवस्था का एक बड़ा भाग शासकीय हस्तक्षेप अथवा दबाव से मुक्त भी है। ऐसे विद्यालय और महाविद्यालय भारत में बड़ी संख्या में हैं, जिनमें शासकीय हस्तक्षेप काम नहीं करता। इन दिनों तो वैसे भी शिक्षा व्यवस्था में गैर शासकीय क्षेत्र अधिक शक्तिशाली होता जा रहा है। कुछ वर्षों पूर्व तक भारत में जिसकी कल्पना नहीं की जा सकती थी, ऐसे निजी विश्वविद्यालय आज भारत में खुल रहे हैं। बढ़ते हुए गैर-शासकीय शिक्षा तंत्र में धर्मशिक्षा को निश्चित ही बल प्रदान किया जा सकता है।

(भारतीय शिक्षण मंडल, वैचारिक वार्षिक-दर्शन, 2013)

□

शिक्षा व्यवस्था

कोई भी शिक्षा व्यवस्था तभी सार्थक होती है, जब उसके द्वारा संपूर्ण सृष्टि एवं मानव समाज की आवश्यकताओं के साथ-साथ किसी राष्ट्र एवं समाज की आकांक्षाएँ पूरी हों, उस समाज के घटकों का व्यक्तित्व विकास हो तथा व्यक्ति को निजी जीवन सुखी बनाने की दिशा मिल सके। जहाँ एक ओर ज्ञान-विज्ञान के भंडार में वृद्धि करना और व्यक्ति को विविध प्रकार का भौतिक ज्ञान और प्रशिक्षण प्रदान करना शिक्षा का हेतु होता है, वहीं उसे अच्छा मानव, नागरिक और सामाजिक प्राणी बनने की प्रेरणा प्रदान करना भी शिक्षा का उद्देश्य होता है। निजी, सामाजिक, राष्ट्रीय एवं मानवीय दृष्टि से व्यक्ति को जो भी मिलना चाहिए, वह सब उसे माता, पिता, परिवार और समाज से तो प्राप्त होता ही है, परंतु यह सब उसे प्रदान करने में शिक्षा प्रणाली की भी मुख्य भूमिका होती है। अतः एक उद्देश्यपूर्ण एवं उपयोगी शिक्षा व्यवस्था और शिक्षा नीति बनाना किसी भी समाज एवं राष्ट्र का महत्त्वपूर्ण कार्य होता है।

भारत की शिक्षा प्रणाली और शिक्षा नीति की समीक्षा करनेवाला साहित्य आज प्रचुर मात्रा में उपलब्ध है। इस लेख में उसके विस्तार में जाना आवश्यक नहीं है। यहाँ इतना कहना ही पर्याप्त होगा कि यदि प्रामाणिकता से प्रयास किया जाए तो वह साहित्य सही दिशा और वांछनीय योजना प्रदान करने के लिए समर्थ है। परंतु प्रश्न यह उठता है कि क्या सही दिशा और वांछनीय प्रयत्नों का भारत में अभाव है? उत्तर में निस्संकोच ही यह कहना

पड़ता है कि ऐसी ही स्थिति देश में है। इस संबंध में देश के विचारवान लोगों में संभवत: अधिक मतभिन्नता भी नहीं है। फिर प्रश्न यह उठता है कि यह अभाव क्यों और कैसे निर्माण हुआ ? संक्षेप में उत्तर यह है कि स्वाधीन भारत के शासकों और नीति निर्धारकों ने कुछ सीमा तक वैचारिक दिशा भ्रम के कारण परंतु अधिक सीमा तक निजी दलीय एवं सत्तापरक स्वार्थों के वशीभूत होकर शिक्षा की गाड़ी को दिशाहीन जड़ता और विकृतियों की ओर धकेल दिया। फिर अगला प्रश्न यह पैदा होता है कि क्या अच्छी शिक्षा व्यवस्था खड़ी करना शासकों और सरकार के ऊपर ही निर्भर करता है ? इसलिए यहाँ यह स्पष्ट करना नितांत आवश्यक हो जाता है कि अन्य किसी क्षेत्र के बारे में ऐसा हो न हो शिक्षा क्षेत्र को पूर्णत: सरकार के ऊपर निर्भर नहीं बनाया जा सकता। शिक्षा एक व्यापक सामाजिक उपक्रम है, जो केवल सत्ता और सरकार की कृपा पर आधारित नहीं होना चाहिए। परंतु यह तो मानना होगा कि आधुनिक समाज रचनाओं में यथोचित नियमों और कानूनों को बनाने एवं व्यापक सामाजिक हितों को प्राप्त करने का वातावरण प्रदान करना सरकार का काम होता है। परंतु क्या सरकार ने ऐसा किया ?

शिक्षा के संदर्भ में स्वाधीन भारत का इतिहास अनेक आयोगों, समितियों और विशेषज्ञों की अनुशंसाओं से भरा हुआ है। शिक्षा संबंधी हर छोटे-बड़े पहलू पर इन आयोगों और विशेषज्ञों ने तर्कसंगत और मूल्यवान् विचार प्रस्तुत किए हैं। परंतु दुर्भाग्य यह है कि यह सभी अनुशंसाएँ और विचार सरकारी कार्यालयों और शिक्षा विभागों की फाइलों में धूल चाट रहे हैं। स्वाधीनता के 40-50 वर्षों में भारत की राजनीति में असीमित सत्तापिपासा, सिद्धांतहीनता एवं अवसरवादिता इस तेजी से बढ़ी कि देश की सभी प्रमुख समस्याएँ हल होने की अपेक्षा उलझती चली गईं। विकृत राजनीति ने देश को सभी मोर्चों पर निराश किया और शिक्षा भी इसका अपवाद नहीं रही। सरकारी स्तर पर सामाजिक प्रतिबद्धता की कमी और दिशाहीन राजनीति से शिक्षा क्षेत्र में प्रथम हानि तो यह हुई कि समाजवाद स्थापित करने के नाम पर सरकारीकरण और नौकरशाही का जो प्रभुत्व देश में चला, उसमें शिक्षा क्षेत्र में गैर-सरकारी

और स्वंयसेवी प्रयत्न या तो घटते गए या अमीर-गरीब में भेद करनेवाली दोहरी शिक्षा प्रणाली की ओर उन्मुख हो गए। अंग्रेजी माध्यम के पब्लिक स्कूल, कैपीटेशन फी संस्थाएँ अथवा तरह-तरह के व्यावसायिक प्रशिक्षण देनेवाले महँगे संस्थान आदि इस सबका ही परिणाम है। परंतु सबसे बड़ी हानि तो हुई शिक्षा से पूर्ण होने वाले दूरगामी और मौलिक उद्देश्यों की। मानवता, राष्ट्रीय और सामाजिकता को बल प्रदान करनेवाले विषयों, जैसे कि अध्यात्म, सांस्कृतिक विरासत, राष्ट्रीय स्वाभिमान, इतिहास-बोध, नैतिकता और देशभक्ति के पठन-पाठन को सांप्रदायिक और संकुचित घोषित कर उन्हें शिक्षा की विषयवस्तु में गौण बना दिया गया। साथ ही अंग्रेजी के दबदबे ने मातृभाषा में अध्ययन-अध्यापन के सरल, सहज और शास्त्रशुद्ध मार्ग को अवरुद्ध कर दिया। आज अधिकांश विद्यार्थियों की अधिकांश प्रतिभा अंग्रेजी पढ़ने में नष्ट हो रही है। तीसरी हानि हुई शिक्षा क्षेत्र में बढ़ते राजनीतिक हस्तक्षेप, भाई-भतीजावाद और भ्रष्टाचार से। देश के अनेकों विद्यालयों-महाविद्यालयों में नकल, कक्षाएँ न होना, अध्यापकों का अनुपस्थित रहना, घटिया शोधकार्य, गैर शैक्षिक आधार पर नियुक्तियों एवं पदोन्नतियों आदि का रोग खूब बढ़ गया। चौथी हानि शिक्षा क्षेत्र को इन दिनों में पहुँचाई जा रही है। गत कुछ वर्षों से आर्थिक क्षेत्र में जिस निजीकरण एवं उदारीकरण को प्रोत्साहन मिला है, उसका परिणाम शिक्षा क्षेत्र पर भी हुआ है। शिक्षा के लिए पर्याप्त संसाधन उपलब्ध कराने के अपने कर्तव्य से सरकार भाग रही है तथा शिक्षा को बाजारी ताकतों के हवाले कर रही है। निजीकरण को प्रोत्साहित करने के नाम पर शिक्षा को विक्रयवस्तु और शिक्षा संस्थाओं को व्यापारिक प्रतिष्ठान बनाया जा रहा है।

ऐसी विषम परिस्थिति में प्रश्न यह पैदा होता है कि इस परिस्थिति से कैसे निबटा जाए तथा भविष्य के लिए क्या मार्ग अपनाया जाए ? संपूर्ण विषय पर सम्यक विचार करने के बाद लगता है कि शिक्षा व्यवस्था एवं शिक्षा नीति के संबंध में निम्नलिखित तात्कालिक एवं दूरगामी उपाय करने की आश्यकता है। तात्कालिक दृष्टि से—

(1) देश के लिए सार्थक एवं उपयोगी शिक्षा प्रणाली की व्यवस्था करने के दायित्व से सरकार मुक्त नहीं हो सकती। नियम-कानून बनाना व उन्हें क्रियान्वित करना सरकार की सहज जिम्मेदारी है।

(2) गैर सरकारी स्तरों पर शिक्षा संबंधी प्रयासों में भी तीव्रता आनी चाहिए।

(3) शिक्षा को बाजारी ताकतों के हवाले नहीं करना चाहिए। सरकार एवं स्वैच्छिक संस्थानों द्वारा शिक्षा के लिए पर्याप्त धन जुटाया जाना चाहिए।

(4) अमीर-गरीब में बिना भेद किए योग्यता के आधार पर शिक्षा सभी को प्राप्त होनी चाहिए। विद्यार्थी के आर्थिक सामर्थ्य के अनुसार उससे ली जाने वाली फीस कम-अधिक की जा सकती है, परंतु किसी भी पाठ्यक्रम में प्रवेश का आधार केवल योग्यता होनी चाहिए।

(5) शिक्षा क्षेत्र में व्याप्त अराजकता और भ्रष्टाचार को समाप्त करना चाहिए।

(6) देश की रोजगार नीति और शिक्षा नीति को परस्पर जोड़ते हुए बेरोजगारी की समाप्ति के संदर्भ में ऐसे व्यावसायिक पाठ्यक्रम प्रारंभ करने चाहिए, जिससे इच्छुक युवाओं को रोजगार पाने में सुविधा हो।

(7) संपूर्ण विश्व में यह सिद्ध हो चुका है कि मातृभाषा में अध्ययन विद्यार्थी के लिए सरल होता है। इसलिए शिक्षा के सभी स्तरों पर भारतीय भाषाओं को अध्ययन-अध्यापन का माध्यम बनाना चाहिए।

ज्ञान-विज्ञान के भंडार में वृद्धि, मानवीय राष्ट्रीय व सामाजिक आकांक्षाओं की पूर्ति तथा मनुष्य का सर्वांगीण विकास आदि दूरगामी लक्ष्यों की पूर्ति करना भी शिक्षा से अभिप्रेत है। इसलिए शिक्षा को उत्पादक-अनुत्पादक की आर्थिक कसौटी पर नहीं तौलना चाहिए। ऐसे अनेक विषयों का अध्ययन-अध्यापन

आवश्यक होता है, जिनका आर्थिक अथवा तात्कालिक महत्त्व नहीं होता। वास्तव में शिक्षा पर किए गए व्यय का सामाजिक महत्त्व ही अधिक होता है। इसलिए दूरगामी लक्ष्यों की दृष्टि से—

(1) शिक्षा की विषयवस्तु ऐसी होनी चाहिए, जिससे विद्यार्थी को मात्र भौतिक एवं निजी प्रगति की ही प्रेरणा न मिले। अपनी प्रगति का मार्ग वह मानवीय, राष्ट्रीय एवं सामाजिक संदर्भ में खोजे, इसका पर्याप्त प्रशिक्षण उसे मिलना चाहिए।

(2) भारत अत्यंत प्राचीन राष्ट्र है। सैंकड़ों-हजारों वर्षों के अनुभव से यह सिद्ध हुआ है कि अध्यात्म, धर्म और नैतिकता आदि का जीवन में अत्यंत महत्त्व होता है। इस संबंध में भी व्यक्ति को शिक्षण प्राप्त होना चाहिए।

(3) यह भी एक निर्विवाद सत्य है कि भारतीय चिंतन एवं जीवन दर्शन न केवल भारत के लिए, अपितु संपूर्ण विश्व के लिए लाभदायक है। अत: इस संबंध में पाठन-पाठन व शोध कार्य को शिक्षा व्यवस्था में उचित स्थान मिलना चाहिए।

(4) संस्कृत भारतीय भाषाओं की जननी है। भारत का बहुत सा प्राचीन ज्ञान संस्कृत भाषा में उपलब्ध हैं। इसलिए संस्कृत के पठन-पाठन को प्रतिष्ठा एवं महत्त्व दिया जाना चाहिए।

विषय का समापन करने के लिए इतना कहना पर्याप्त होगा कि शिक्षा के संबंध में चिंतन का अभाव नहीं हैं। अभाव है सार्थक क्रियाशीलता का। पर्याप्त सामाजिक प्रयत्न एवं राजनीतिक इच्छाशक्ति ही शिक्षा को दिशाहीनता, जड़ता, भ्रष्टाचार और बाजारीकरण से बचा सकते हैं।

(संभवत: 1997-98 में लिखित)

□

राष्ट्र-निर्माण में उच्च शिक्षा की भूमिका

एक राष्ट्रभक्त नागरिक का यह सहज स्वप्न होता है कि उसका राष्ट्र सुखी और संपन्न हो। उस स्वप्न को साकार करने के प्रयत्नों को 'राष्ट्र-निर्माण' कहा जाता है। इस निर्माण कार्य में अनेक महापुरूषों, व्यक्तियों, संगठनों, विधि-विधानों व व्यवस्थाओं की महत्त्वपूर्ण भूमिका होती है। यदि केवल व्यवस्थाओं का ही विचार करें तो वे भी कई प्रकार की होती हैं, उदाहरणार्थ—राजनीतिक, आर्थिक, सामाजिक व शैक्षिक आदि। यहाँ हम केवल एक व्यवस्था शिक्षा और उसके भी एक भाग उच्च-शिक्षा की भूमिका पर अपना ध्यान केंद्रित करेंगे। परंतु वह करने से पूर्व दो विषयों की स्पष्टता कर लेना उचित होगा। प्रथम, उच्च शिक्षा किसे कहते हैं तथा द्वितीय, शिक्षा किसे कहते हैं?

पारंपरिक तौर पर विद्यालयी शिक्षा के पश्चात् महाविद्यालय में मिलने वाली शिक्षा को उच्च शिक्षा कहा जाता है। इसमें गलत कुछ नहीं है। पुरानी मान्यता यह रही है कि विद्यालयी शिक्षा सामान्य होती है और वह सभी को मिलनी चाहिए, जबकि महाविद्यालयी शिक्षा विशेष होती है और वह केवल उन्हें मिलनी चाहिए, जो विभिन्न विषयों का गहराई से अध्ययन करना चाहते हों। तभी तो उसे उच्च शिक्षा भी कहा गया है। परंतु स्वाधीन भारत के इतिहास पर दृष्टि डालें तो ऐसा लगता है कि महाविद्यालयी शिक्षा अब थोक आधार पर दी जाने लगी है और परिणामस्वरूप उसमें गहरे अध्ययन वाला तत्त्व गौण होता गया है। इसलिए संभवतः स्नातकोत्तर स्तर व उसके पश्चात् दी जाने वाली शिक्षा को उच्च शिक्षा कहना अधिक तर्कसंगत होगा।

शिक्षा किसे कहते हैं, इस प्रश्न के उत्तर में पारंपरिक परिभाषा को लेना ही ठीक रहेगा, अर्थात् विद्यालयों, महाविद्यालयों व विश्वविद्यालयों में दी जाने वाली औपचारिक शिक्षा। शिक्षा की अन्य कुछ परिभाषाएँ, उदाहरणार्थ, शिक्षा वह, जिससे व्यक्ति का चरित्र-निर्माण हो अथवा जिससे उसकी प्रतिभाओं व क्षमताओं का पूर्ण विकास हो आदि, महत्त्वपूर्ण तो हैं, परंतु जिस विषय पर हम अभी ध्यान केंद्रित करना चाहते हैं, उसके लिए यह आवश्यक नहीं हैं।

यह निस्संदेह कहा जा सकता है कि उच्च शिक्षा का राष्ट्र-निर्माण में अति महत्त्वपूर्ण योगदान होता है। वैसे तो यह बात सदा लागू होती है, पर भारत की आज की परिस्थिति में दो कारणों से यह कहना और अधिक आवश्यक हो गया है। प्रथम, इसलिए कि सरकार शिक्षा व्यय में से हाथ खींच रही है और उसे बाजारी हाथों में सौंप रही है और द्वितीय, इसलिए व्यय के संबंध में सरकार प्राथमिक व विद्यालयी शिक्षा के महत्त्व के नाम पर उच्च-शिक्षा व्यय को कम करना चाहती है। वास्तव में शिक्षा वह व्यवस्था है, जिसे सरकारी व गैर-सरकारी स्तरों पर पुरजोर समर्थन मिलना चाहिए और यह बात व्यय के संबंध में भी लागू होती है। शिक्षा व्यय एक निवेश होता है जो किसी अन्य व्यय से कम महत्त्वपूर्ण नहीं होता। इस व्यय में गैर-सरकारी योगदान अधिकाधिक हो, यह प्रयास तो होना चाहिए, पर उसके अभाव में सरकार का यह दायित्व बन जाता है कि वह यह आवश्यकता पूरी करे। संपूर्ण संदर्भ में एक सिद्धांत की अवहेलना तो कतई नहीं होनी चाहिए और वह यह कि शिक्षा को बाजारी ताकतों के हवाले न किया जाए।

जहाँ तक विद्यालयी और उच्च शिक्षा के महत्त्व का प्रश्न है तो दोनों का महत्त्व बराबर होता है और इसलिए उनमें से एक को अधिक और दूसरे को कम महत्त्वपूर्ण बताना दोषपूर्ण दृष्टिकोण का द्योतक है। अत: सरकार द्वारा उच्च शिक्षा के महत्त्व को कम करके आँकना एक चिंताजनक स्थिति है। सरकार के द्वारा की जा रही दोनों गलतियों का निराकरण होना चाहिए।

उच्च शिक्षा को उचित महत्त्व मिलने से दो प्रकार से राष्ट्र-निर्माण का उद्देश्य प्राप्त होता है। एक, किसी भी राष्ट्र के जीवन की गुणवत्ता व निरंतरता

बनाए रखने में ज्ञात ज्ञान-विज्ञान का बड़ा महत्त्व होता है। यह ज्ञान-विज्ञान जब राष्ट्र के पास होता है तो उसका यथोचित लाभ उसे मिलता है। ज्ञान-विज्ञान अनेक विषयों का होता है, जैसे कि कलाएँ, वाणिज्य, सामाजिक व मानवी विज्ञान, गणित, प्रकृति विज्ञान, चिकित्सा विज्ञान, कृषि विज्ञान, अभियांत्रिकी आदि। इन विषयों से संबंधी विभाग व संकाय विभिन्न विश्वविद्यालयों में हमें सहज देखने को मिलते हैं। ज्ञात ज्ञान-विज्ञान को एक पीढ़ी से दूसरी पीढ़ी में संक्रमित करने हेतु उच्च-शिक्षा व्यवस्था की नितांत आवश्यकता पड़ती है।

दूसरे, ज्ञान-विज्ञान के क्षेत्र में नई जानकारियों, सूचनाओं व नए दृष्टिकोण, विश्लेषण व निष्कर्षों की संभावनाएँ सदा विद्यमान रहती हैं, जो शोध-कार्य के परिणामस्वरूप सामने आती हैं। किसी राष्ट्र में होने वाला शोध कार्य उस राष्ट्र को तो लाभ पहुँचाता ही है, पर पूरी मानवता भी उससे लाभान्वित होती है। वास्तव में जो राष्ट्र ज्ञान-विज्ञान के क्षेत्र में जितनी प्रगति करता है, उतना ही उसका जीवन सुखी और संपन्न होता है। अतः शोध कार्य राष्ट्र-निर्माण को सीधे पुष्ट करते हैं।

भारत में आज इसकी महती आवश्यकता है कि राष्ट्र-निर्माण में उच्च शिक्षा की भूमिका की ओर सरकार व समाज का ध्यान आकर्षित किया जाए।

(संभवत: 2000 के आसपास लिखा गया)

□

शिक्षक हड़ताल : कुछ नैतिक सवाल

कॉलेज एवं विश्वविद्यालय अध्यापकों के संगठनों के अ.भा. महासंघ के आह्वान पर 4 अगस्त से प्रारंभ हुई दिल्ली विश्वविद्यालय की अध्यापक हड़ताल लगभग 2 मास पूरे कर चुकी है। जहाँ एक ओर महासंघ ने 4 सितंबर को हड़ताल वापिस ले ली, दिल्ली के अध्यापकों की हड़ताल अभी भी जारी है। गत 5 वर्षों में दिल्ली के अध्यापकों की यह तीसरी हड़ताल हुई है। पहली हड़ताल 1982-83 के दौरान 109 दिन चली थी तथा दूसरी हड़ताल 1985-86 के बीच 84 दिन चली। तीनों हड़तालों का मुख्य मुद्दा एक रहा है: योग्यता प्रोन्नति योजना। सरकार का व्यवहार इस संबंध में अत्यंत आपत्तिजनक रहा है। पहली हड़ताल के परिणामस्वरूप हुए समझौते को सरकार दो बार तोड़ चुकी है, जिसके कारण अध्यापकों में रोष उत्पन्न हुआ तथा दो बार फिर हड़ताल हुई। अत: अध्यापकों की माँग को ही मद्देनजर रखा जाए तो हड़ताल का औचित्य दिखाई देता है। परंतु तात्कालिक एवं स्थायी महत्त्व के ऐसे कई मुद्दे हैं, जिनके कारण हड़ताल को चालू रखना अथवा अध्यापकों के लिए हड़ताल जैसे मार्ग को अपनाना उचित नहीं दिखाई देता।

पहले तात्कालिक मुद्दे को लें। यह सर्वविदित है कि यह हड़ताल अ.भा. महासंघ के आह्वान पर की गई थी। दिल्ली के अध्यापकों को पहले से ही यह लग रहा था कि उनके आग्रह के मुद्दे अलग हैं तथा अ.भा. महासंघ के मुद्दे अलग। फिर भी दिल्ली विश्वविद्यालय शिक्षक संघ के नेतृत्व के आश्वासन पर दिल्ली के अध्यापक अ.भा. महासंघ के हड़ताल में सम्मिलित हुए। महासंघ ने 4 सितंबर को हड़ताल वापस ले ली। दिल्ली विश्वविद्यालय शिक्षक संघ तथा अन्य कुछ शिक्षक संघ महासंघ

के निर्णय से प्रसन्न नहीं थे। उन्होंने हड़ताल जारी रखने का निर्णय किया। प्रजातांत्रिक मूल्यों एवं नैतिकता का तकाजा था कि हड़ताल वापिस ली जाती। परंतु ऐसा नहीं हुआ। दिल्ली के अध्यापकों की यह आम राय है कि दिल्ली विश्वविद्यालय शिक्षक संघ के नेतृत्व ने राजनीतिक कारणों से ऐसा निर्णय लिया। चूँकि दिल्ली विश्वविद्यालय शिक्षक संघ के चुनाव हड़ताल के तुरंत बाद होने वाले हैं तथा महासंघ के निर्णय को स्वीकार करने से शिक्षक संघ के वर्तमान नेतृत्व को चुनाव में हानि उठानी पड़ती, इसलिए उन्होंने महासंघ के आदेश को नहीं माना। वास्तव में तो दिल्ली विश्वविद्यालय शिक्षक संघ नेतृत्व का निर्णय एक अ.भा. राजनीतिक निर्णय का अंग था। महासंघ के नेतृत्व में साम्यवादी (मार्क्सवादी) व साम्यवादी (सी.पी.आई, मार्क्सवादी व सी.पी. आई.) दलों से संबद्ध लोग ही प्रमुख पदाधिकारी हैं। सरकार के साथ समझौता करते समय दोनों साथ थे, परंतु जैसे ही मार्क्सवादियों को यह आभास हुआ कि समझौते की कड़ी आलोचना होगी, उन्होंने समझौते से पिंड छुड़ाने की रणनीति अपनाई। इसके लिए उन्होंने अपने दो साथियों की भी बलि दी। साम्यवादी (मार्क्सवादी) दल के पोलित ब्यूरो तक ने समझौते की आलोचना की। एक आम धारणा तो यह भी है कि महासंघ का नेतृत्व हथियाने की लड़ाई सी.पी. आई. (मार्क्सवादी) व सी.पी.आई. के बीच चल रही है। चूँकि अभी तक सी.पी.आई के लोग महासंघ में हावी हैं, इसलिए सी.पी.एम. के लोग अधिक क्रांतिकारिता दिखा रहे हैं, जिससे कि वे महासंघ में हावी हो सकें।

परंतु तात्कालिक मुद्दे से भी अधिक महत्त्व स्थायी मुद्दों का है। हड़ताल को उचित ठहरानेवाला हर अध्यापक यह कहता दिखाई देगा कि चूँकि सरकार अध्यापकों की माँगों की अवहेलना करती है या सरकार ने अध्यापकों के साथ विश्वासघात किया, इसलिए हड़ताल करना या हड़ताल जारी रखना उचित है। इस तर्क में कम-से-कम दो गलत अवधारणाएँ हैं, प्रथम तो यह कि अपनी माँगों के समर्थन में अथवा अपना रोष प्रगट करने हेतु अध्यापकों द्वारा हड़ताल का मार्ग अपनाना जायज है तथा दूसरी यह कि सरकार गैर-जिम्मेदारी का व्यवहार करे तो शिक्षक को भी वैसा ही करने में परहेज नहीं होना चाहिए।

पहले दूसरी बात को लें। महाविद्यालयों एवं विश्वविद्यालयों के अध्यापक,

पत्रकार, लेखक, वकील आदि की तरह बुद्धिजीवी वर्ग का प्रतिनिधित्व करते हैं। अतः उनसे यह अपेक्षा करना अनुचित न होगा कि उनका हर व्यवहार एक जिम्मेदार प्रबुद्ध नागरिक के जैसा होना चाहिए, जिससे देश में आम नागरिक को भी एक दिशा मिले। इसमें दो राय नहीं कि सरकार अर्थात् सरकारी पदों पर आसीन निर्णय करनेवाले अधिकारी कई बार अनुचित निर्णय करते हैं। पर भारतीय बुद्धिजीवी से यह बात छुपी हुई नहीं है कि सरकार के सर्वोच्च पदों पर राजनीतिज्ञ विराजते हैं, जो प्रायः तदर्थ निर्णय करने के अभ्यासी होते हैं एवं राजनीतिक लाभ-हानि की दृष्टि से निर्णय करते हैं। अभी की हड़ताल का ही उदाहरण लें तो दिखाई देगा कि पहले केंद्रीय मानव संसाधन विकास मंत्री यह घोषणा करते रहे कि वे अध्यापकों से बातचीत नहीं करेंगे, जबकि बाद में 4 सितंबर को उन्होंने महासंघ नेताओं से बात भी की और समझौता भी किया। पिछली दोनों हड़तालों के समय भी सरकार का रवैया इसी प्रकार का रहा था। पर क्या एक विवेकपूर्ण बुद्धिजीवी को यह शोभा देता है कि सरकार की गैर जिम्मेदारी का प्रत्युत्तर वह एक और गैर-जिम्मेदारी से दे? क्या एक प्रबुद्ध नागरिक के नाते उसकी प्रतिक्रिया गरिमापूर्ण और दोषविहीन नहीं होनी चाहिए? क्या अध्यापक के लिए सामाजिक आचरण के मूल्यों की स्थापना करना आवश्यक नहीं है? यह भी सोचना होगा कि सरकार कोई फैक्टरी मालिक जैसा व्यक्ति नहीं है, जिसकी हड़ताल से निजी हानि होती है। अध्यापक जब हड़ताल करते हैं तो हानि विद्यार्थियों की होती है, सरकार में बैठे राजनीतिज्ञ या नौकरशाह की नहीं। हाँ, राजनीतिज्ञ को राजनीतिक हानि हो सकती है। पर वह उद्‌देश्य तो हड़ताल के बिना भी प्राप्त किया जा सकता है।

सत्ता और सरकार की मर्यादाओं को ध्यान में रखते हुए व्यापक समाजहित की दृष्टि से निजी एवं संस्थागत तरीकों से दोषरहित आचरण के मानदंड स्थापित करना किसी भी प्रबुद्ध नागरिक का सहज धर्म बनता है।

जहाँ तक अध्यापकों द्वारा हड़ताल को उचित साधन मानने का सवाल है, उन्होंने इस शस्त्र का प्रयोग नहीं करना चाहिए। उद्योगों एवं सेवाओं के क्षेत्र में हड़ताल आज एक वैध हथियार माना जाता है। पर यहाँ हड़ताल की वैधता का नहीं, नैतिकता का सवाल खड़ा करना अधिक आवश्यक दिखाई देता है।

सामाजिक जीवन में जितना महत्त्व नैतिक मूल्यों का होता है, उतना कानून और नियमों का नहीं। नैतिक आचरण कानूनी आचरण से कहीं अधिक बड़ा होता है और प्रभाव भी उत्पन्न करता है। भारत जैसे विशाल देश में आज अनेक समस्याएँ दिखाई देती हैं। व्यक्तिगत एवं सामूहिक स्तरों पर इन समस्याओं से हमें जूझना है। सरकार के द्वारा यह सब कारगर ढंग से न हो रहा है और न ही संभव है। इसके लिए अनेक गैर सरकारी प्रयत्न भी करने होंगे। एक ऐसा वातावरण निर्माण करने की आवश्यकता है जिसमें व्यक्ति अधिकारों के प्रति भी सचेत रहे और कर्तव्यों के प्रति भी। जहाँ एक ओर सरकार के दोषों को उजागर करना आवश्यक हो जाता है, वहाँ यह भी आवश्यक है कि समाज में अव्यवस्था और अराजकता की स्थिति का निर्माण न हो। सभी दोष सरकार के मत्थे मढ़ देना और अपने कर्तव्य को भूल जाना, यह किसी भी जिम्मेदार नागरिक के लिए शोभनीय बात नहीं हो सकती। बुद्धिजीवी के लिए तो यह और भी अधिक अशोभनीय होगा। सही-गलत का विवेचन करते हुए स्वयं सही मार्ग पर चलना और दूसरों को भी उसी मार्ग पर चलने के लिए प्रवृत्त करना, यही बुद्धिमान व्यक्ति की नियति है। अत: बुद्धिजीवी वर्ग के अंग के रूप में अध्यापकों को भी यह सोचना चाहिए कि हड़ताल जैसे अव्यवस्था उत्पन्न करनेवाले कदम से कैसे बचा जाए?

अधिकारियों एवं समाज का ध्यान आकृष्ट करने के लिए एकाध दिन की सांकेतिक हड़ताल करना भी समझा जा सकता है, परंतु बार-बार लंबी हड़ताल होने से कुल मिलाकर समाज में उसका क्या असर हो रहा है, यह सोचना अध्यापक वर्ग के लिए अत्यंत आवश्यक है। विद्यार्थियों की हानि तो हो ही रही है, समाज की भी धारणा यह है कि अध्यापक अनुचित मार्ग पर चल रहे हैं। समाज के सम्मुख उचित व्यवहार का जिसे उदाहरण प्रस्तुत करना चाहिए, आज वही अपने अनुचित व्यवहार के कारण समाज में अश्रद्धा और अराजकता का वातावरण निर्माण करे, यह कहाँ तक तर्कसंगत होगा?

बुद्धिजीवी का हथियार उसकी तर्कशक्ति होती है। उसी का प्रयोग उसे करना चाहिए। अध्यापकों को भी चाहिए कि पत्र-पत्रिकाओं में लेख लिखकर, साहित्य द्वारा अथवा विचार गोष्ठियों, सभाओ आदि के द्वारा या फिर धरना, भूख-हड़ताल, सत्याग्रह, प्रदर्शन, काली पट्टी बाँधकर काम पर जाना आदि

के माध्यम से अपनी माँगों को उजागर करें तथा उसके पक्ष में जनमत तैयार करें। यह न केवल एक ईमानदार बुद्धिजीवी के रूप में सामाजिक दायित्व निभाने के लिए आवश्यक है, अपितु स्वस्थ प्रजातांत्रिक तरीकों से अपनी बात का दबाव पैदा करने का संस्कार निर्माण करने के लिए भी आवश्यक है।

दिल्ली विश्वविद्यालय अध्यापक संघ उपर्युक्त भूमिका नहीं निभा रहा, यह तो कहने की भी आवश्यकता नहीं। परंतु राजधानी के सबसे बड़े विश्वविद्यालय के अध्यापकों का यह संगठन कैसे एकांगी ढंग से काम करता है, यह बताना उपयुक्त ही होगा। यह संगठन केवल अध्यापकों के आर्थिक हितों की पूर्ति का ही काम करता है। बुद्धिजीवियों के इस मंच से मात्र अधिकारों का शोर मचाना तथा अध्यापकों की स्वार्थवृत्ति को पराकाष्ठा तक पहुँचाना, यही काम किया जाता है। शिक्षक वर्ग में व्याप्त बुराइयों को यह संगठन पूर्णतः नजरंदाज करता है। शैक्षणिक अथवा सामाजिक महत्त्व का कोई काम इस संगठन के माध्यम से नहीं किया जाता। बौद्धिक गतिविधियों, जैसे कि चर्चा, विचार गोष्ठी, परिसंवाद, लेख, साहित्य रचना आदि से संगठन का दूर का भी रिश्ता नहीं। बाढ़ हो या सूखा, रक्तदान शिविर हो या राष्ट्रीय सेवा योजना, शिक्षक संघ की संवेदना सोई रहती है। जब कभी शिक्षकों पर कोई अनुशासन थोपने का प्रयास हुआ, शिक्षक संघ ने तीव्र प्रतिक्रिया व्यक्त की और यह कहा कि अध्यापक स्वयं अपने लिए आचार संहिता बनाएँगे। परंतु 1973 से आज तक संघ वह आचार संहिता नहीं बना पाया। शिक्षक संघ के सभी महत्त्वपूर्ण निर्णय शिक्षकों की आम सभा में लिये जाते हैं, परंतु स्वस्थ प्रजातांत्रिक परंपराओं की अवहेलना करते हुए सभा की बैठकों को नेतृत्ववर्ग अथवा राजनीतिक गुट कैसे अपने अनुकूल चला लेते हैं, इसका अनुभव दिल्ली के शिक्षकों को पर्याप्त मिलता रहता है। क्या बुद्धिजीवियों के संगठन के रूप में दिल्ली विश्वविद्यालय शिक्षक संघ को अपनी कार्यप्रणाली, गतिविधियों और उद्‌देश्यों का मूल्यांकन नहीं करना चाहिए?

(1987 में दिल्ली विश्वविद्यालय में हुई शिक्षकों की लंबी हड़ताल के अवसर पर लिखित)

□

शिक्षक आंदोलन : छात्रहित व दूसरे आयाम

गत 6 वर्षों में दिल्ली विश्वविद्यालय के अध्यापकों की तीन लंबी हड़तालें हुईं। आखिरी हड़ताल अखिल भारतीय हड़ताल के हिस्से के रूप में प्रारंभ हुई, परंतु बाद में वह अपने ढंग से चली। हर बार जब हड़ताल हुई, तब स्वाभाविक ही विद्यार्थी परेशान हुए। यद्यपि हड़ताल के बाद पढ़ाई के हर्जाने की भरपाई करने का प्रयास हुआ, परंतु विद्यार्थियों में बहुत बेचैनी व्याप्त थी। पढ़ाई पूरी नहीं हो सकी, परीक्षाएँ देरी से हुईं, परिणाम देरी से आए, शैक्षणिक सत्र गड़बड़ा गया, प्रतियोगी परीक्षाओं में बैठने अथवा अन्य पाठ्यक्रमों में जाने या पढ़ाई पूरी करते हुए भविष्य की योजना बनाने में विद्यार्थियों को कई कठिनाइयों का सामना करना पड़ा। शिक्षक आंदोलन का विचार करते हुए इस आयाम को अनदेखा करना उचित नहीं होगा। यह ठीक है कि हड़ताल आंदोलन का एक वैध मार्ग माना जाने लगा है, परंतु क्या अध्यापक के लिए यह शोभादायक बात होगी कि वह विद्यार्थियों की हानि करते हुए अपना लाभ प्राप्त करे? क्या अपनी माँगें मनवाने के लिए अध्यापक हड़ताल की बजाय दूसरे मार्ग नहीं अपना सकते?

अकसर यह कहा जाता है कि सरकार जब गैर–जिम्मेदारी का परिचय दे तो अध्यापक ही क्यों जिम्मेदारी का निर्वाह करें? मैं समझता हूँ कि इस तरह का प्रश्न पूछना ही गलत है। पहले तो इसलिए, क्योंकि सरकार राजनीतिज्ञ चलाते हैं, जो कि तदर्थ निर्णय करने के अभ्यासी होते हैं तथा कई बार गैर–

जिम्मेदारी का व्यवहार करते हैं। इसलिए गैर-जिम्मेदारी का उत्तर दूसरी गैर-जिम्मेदारी नहीं होनी चाहिए। दूसरा इसलिए कि जिम्मेदारी पूर्ण व्यवहार का आदर्श प्रस्तुत करना जितना अध्यापक के लिए आवश्यक है, उतना संभवतः राजनीतिज्ञ एवं अन्य किसी के लिए नहीं है। राजनीतिज्ञ, सत्ताधीश अथवा सरकारी अधिकारी का व्यवहार यदि समाज में उचित व्यवहार का मापदंड बनेगा तो निश्चित ही सामाजिक प्रक्रिया को धक्का लगेगा। समाज में जिम्मेदारीपूर्ण व्यवहार के उदाहरण प्रस्तुत करना एवं उसके मापदंड स्थापित करने का काम शिक्षकों, पत्रकारों, वकीलों, लेखकों, साहित्यकारों जैसे बुद्धिजीवियों अथवा स्वयंसेवी संस्थाओं एवं समाज सुधारकों द्वारा ही अधिक कारगर ढंग से किया जाता है और यदि वे इस बात का ध्यान नहीं रखेंगे तो निश्चित ही समाज की हानि होगी। सत्ता और सरकार की मर्यादाओं को ध्यान में रखते हुए व्यापक समाजहित की दृष्टि से निजी एवं संस्थागत तरीकों से दोषमुक्त आचरण के मापदंड स्थापित करना किसी भी अध्यापक, बुद्धिजीवी एवं प्रबुद्ध नागरिक का सहज धर्म होता है।

शिक्षक आंदोलन के कुछ और आयामों पर भी विचार होना चाहिए। क्या शिक्षकों की रोटी-रोजी और बेहतर सेवा शर्तों के लिए आंदोलन करना यही काफी है? यह बार-बार कहा जाता है कि देश की शिक्षा व्यवस्था गली-सड़ी है और उसमें व्यापक बदलाव होना चाहिए। क्या शिक्षक आंदोलन का ध्यान इस ओर नहीं जाना चाहिए? क्या शिक्षक संगठन इस संबंध में अपनी भूमिका निभा रहे हैं? दिल्ली विश्वविद्यालय का उदाहरण लें तो दिखाई देगा कि नकल की घटनाएँ बढ़ती जा रही हैं, अनिवार्य उपस्थिति एक मजाक बन गई है, ट्यूटोरियल योजना कागज पर चल रही है, अनेक अध्यापक कॉलेज में अपनी जिम्मेदारी का निर्वाह नहीं करते। क्या ड्यूटा अथवा अन्य शिक्षक संगठनों ने इन विषयों को गंभीरता से लिया है?

देश में समय-समय पर विपत्तियाँ आती हैं। कभी बाढ़ तो कभी सूखा, कभी महामारी फैलती है तो कभी भूकंप आ जाता है। गरीबी, बेरोजगारी, छुआछूत जैसी अनेक भयानक समस्याएँ देश में विद्यमान हैं। क्या शिक्षक

आंदोलन का इन विपत्तियों अथवा समस्याओं से कोई सरोकार नहीं होना चाहिए? शिक्षक संगठनों अथवा शिक्षक आंदोलन की ऐसी समस्याओं के निराकरण में क्या भूमिका रही है?

अतः शिक्षक आंदोलन की समग्रता और सार्थकता के लिए यह आवश्यक है कि वह केवल शिक्षकों की रोटी-रोजी की लड़ाई तक सीमित न रहे अपितु देश, राष्ट्र और समाज की उन्नति व प्रगति में भी उसकी हिस्सेदारी और अग्रणी भूमिका रहे। पढ़े-लिखे, प्रबुद्ध एवं विचारवान माने जानेवाले नागरिक अथवा उनके संगठन यह भूमिका नहीं निभाएँगे तो कौन निभाएगा? सब दोषों के लिए सरकार को जिम्मेदार ठहरा देना और असहाय बनकर सुधारों की आकांक्षा करते रहना अथवा राजनीतिक परिवर्तन में ही सब समस्याओं का निराकरण ढूँढ़ते रहना एक प्रकार की पलायनवादी, अपूर्ण एवं सरलीकृत सोच है। क्या आम शिक्षक, शिक्षक संगठनों अथवा शिक्षक आंदोलन ने अपनी महती भूमिका को पहचाना है? क्या उस भूमिका को निभाना अभी शेष नहीं हैं?

(1987 में दिल्ली विश्वविद्यालय में हुई शिक्षकों की लंबी हड़ताल के समय पर लिखित)

□

छात्र जगत्

विश्वविद्यालय के चुनाव : राजनैतिक दलों की भूमिका

जून-जुलाई में देश के विभिन्न विश्वविद्यालयों में नया शैक्षणिक वर्ष प्रारंभ होता है तथा विश्वविद्यालयों एवं महाविद्यालयों में छात्र संघ चुनावों का दौर अगस्त अंत से प्रारंभ हो जाता है। छात्र संघों एवं छात्र संघ चुनावों की उपयोगिता एवं वांछनीयता के बारे में कई बार शंकाएँ प्रगट की जाती हैं। तीन-चार वर्ष पूर्व ही विश्वविद्यालय अनुदान आयोग की तत्कालीन अध्यक्षा श्रीमती माधुरीबेन शाह ने छात्र संघों को अनुपयोगी घोषित किया था। चौधरी चरणसिंह जब उत्तर प्रदेश के मुख्यमंत्री थे, तब उन्होंने भी प्रदेश में छात्र संघों को बंद करने का असफल प्रयास किया था। जनता सरकार के मंत्री के रूप में भी चौधरी साहब ने छात्र संघों को अवांछनीय करार दिया था। आपातकाल के बाद के वर्षों में कई विश्वविद्यालयों में छात्र संघ चुनाव या तो कराए नहीं गए अथवा उनमें अनियमितता आ गई।

बहरहाल, यह गौरतलब है कि अनेक छात्र संघों के चुनाव बहुत जोर-शोर से आयोजित होते हैं—विशेषकर विश्वविद्यालय स्तर के छात्र संघ चुनावों में कहीं-कहीं आम चुनाव का सा वातावरण बन जाता है। चुनाव अभियान में लाखों रुपए खर्च किए जाते हैं तथा पोस्टर, बैनर, परचे, दीवार लेखन, लाउडस्पीकर, कारों-जीपों आदि अनेक साधनों का चुनाव प्रचार में इस्तेमाल किया जाता है। दिल्ली विश्वविद्यालय छात्र संघ के चुनाव अभियान में न केवल दिल्ली की दीवारें बड़े-बड़े पोस्टरों से भर दी जाती हैं, अपितु बसों को

भी प्रत्याशियों के नामों से रंग दिया जाता है। गत वर्ष पहली बार बड़ी मात्रा में बैनरों व सड़कों के किनारे लगे विज्ञापन-पट्टों का भी चुनाव प्रचार के लिए उपयोग किया गया।

छात्र संघों की परंपरा

यद्यपि समय-समय पर छात्र संघों की उपयोगिता एवं वांछनीयता पर प्रश्नचिह लगाए जाते रहे हैं, पर देश के कई विश्वविद्यालयों एवं महाविद्यालयों में छात्र संघ की अब एक पुरानी एवं लंबी परंपरा स्थापित हो चुकी है। इस लेखक की जानकारी के अनुसार दिल्ली विश्वविद्यालय छात्र संघ के चुनाव इस शताब्दी के पाँचवें दशक से तो लगातार प्रति वर्ष होते आ रहे हैं। इसी प्रकार जवाहरलाल नेहरू विश्वविद्यालय, कलकत्ता विश्वविद्यालय, प्रयाग विश्वविद्यालय, बनारस हिंदू विश्वविद्यालय आदि में भी छात्र संघ चुनावों की परंपरा पुरानी हो गई है।

इतिहास की ओर मुड़कर देखें तो 1915 में बनारस हिंदू विश्वविद्यालय अधिनियम बनने के साथ ही केंद्रीय एवं प्रदेश विश्वविद्यालयों में छात्र संघों की स्थापना की गई थी। कहा जाता है कि पंडित जवाहर लाल नेहरू और मोहम्मद अली जिन्ना ने 1936 में विश्वविद्यालयों की संचालन समितियों में विद्यार्थियों के प्रतिनिधित्व की माँग की थी। वास्तव में भारत के विश्वविद्यालयों का ढाँचा ब्रिटेन से काफी प्रभावित रहा है तथा ब्रिटेन में सन् 1900 में ही विश्वविद्यालय प्रशासन में छात्र सहभाग एवं छात्र संघों की उपयोगिता को स्वीकार कर लिया गया था।

प्राचीन परंपरा के बावजूद भी वास्तविकता तो यह है कि देश के आधे से भी कम विश्वविद्यालयों में विश्वविद्यालय छात्र संघ बने हुए हैं। आज देश में लगभग 150 विश्वविद्यालय हैं। इनमें से सामान्य विश्वविद्यालयों (जहाँ कला, वाणिज्य, विज्ञान आदि बहुप्रचलित विषयों की पढ़ाई मुख्यत: होती है) की संख्या लगभग 110 है। शेष कृषि, आयुर्विज्ञान, इंजीनियरी आदि की शिक्षा देनेवाले विशेष विश्वविद्यालय हैं। विश्वविद्यालय स्तर के छात्र संघ मात्र एक-तिहाई विश्वविद्यालयों में हैं।

सामान्य विश्वविद्यालय मोटे तौर पर तीन प्रकार के हैं—(1) आवासीय विश्वविद्यालय, जो एक नगर में केंद्रित हैं और जिनके विद्यार्थी भी उसी नगर में रहते हैं; (2) ऐसे विश्वविद्यालय जिनसे संबद्ध कॉलेज कई जिलों में फैले होते हैं तथा जिनमें मुख्यतः स्नातकोत्तर पढ़ाई के लिए विश्वविद्यालय केंद्र पर परिसर बने हुए हैं; तथा (3) ऐसे विश्वविद्यालय, जिनके अंतर्गत मुख्यतः संबद्ध कॉलेज ही आते हैं। दूसरी प्रकार के विश्वविद्यालय देश में अधिक हैं। उपर्युक्त वर्गीकरण के आधार पर ही छात्र संघ चुनाव पद्धति का भी वर्गीकरण किया जा सकता है। आवासीय विश्वविद्यालयों में सामान्यतः प्रत्यक्ष चुनाव होते हैं अर्थात् सभी विद्यार्थी पदाधिकारियों के चुनाव में वोट डालते हैं। दूसरे वर्ग के विश्वविद्यालयों में बहुधा विश्वविद्यालय परिसर में पढ़नेवाले स्नातकोत्तर विद्यार्थी ही चुनाव में भाग लेते हैं। तीसरे वर्ग के विश्वविद्यालयों में संबद्ध महाविद्यालयों से विश्वविद्यालय प्रतिनिधि चुने जाते हैं तथा वे विश्वविद्यालय छात्र संघ पदाधिकारियों का चुनाव करते हैं।

चुनाव प्रणालियाँ

चुनाव की मुख्यतः दो प्रणालियाँ प्रचलित हैं—प्रत्यक्ष एवं अप्रत्यक्ष। अधिकतर विश्वविद्यालयों में अप्रत्यक्ष चुनाव प्रणाली अपनाई गई है, अर्थात् पहले विश्वविद्यालय प्रतिनिधियों का चुनाव होता है और फिर उनके द्वारा विश्वविद्यालय पदाधिकारियों का। प्रत्यक्ष चुनाव प्रणाली द्वारा गठित होने वाले छात्र संघ तो इने-गिने ही हैं, उदाहरणार्थ दिल्ली विश्वविद्यालय, जवाहरलाल नेहरू विश्वविद्यालय, प्रयाग विश्वविद्यालय, बनारस हिंदू विश्वविद्यालय आदि। प्रत्यक्ष चुनाव प्रणाली द्वारा चुने जाने वाले बहुचर्चित दिल्ली विश्वविद्यालय छात्र संघ में विश्वविद्यालय के लगभग दो-तिहाई महाविद्यालयों के छात्र भाग लेते हैं, क्योंकि एक-तिहाई महाविद्यालय, जिनमें अधिकांश छात्रा महाविद्यालय हैं, विश्वविद्यालय छात्र संघ के सदस्य नहीं हैं।

देश में लगभग 5000 महाविद्यालय हैं। महाविद्यालय स्तर के छात्र संघ अनेक महाविद्यालयों में हैं। एक जानकारी के अनुसार देश के लगभग 40 प्रतिशत महाविद्यालयों में छात्र संघ बने हुए हैं। जिन विश्वविद्यालयों में

विश्वविद्यालय स्तर के छात्र संघ नहीं हैं, वहाँ पर भी महाविद्यालय छात्र संघों के चुनाव होते हैं।

विश्वविद्यालय छात्र संघ मुख्यतः केरल, महाराष्ट्र, मध्य प्रदेश, बिहार, उत्तर प्रदेश, बंगाल, दिल्ली, पंजाब एवं हरियाणा आदि प्रदेशों में हैं। इनमें से प्रथम चार प्रदेशों में तो प्रदेश स्तर पर विश्वविद्यालय छात्र संघों के लिए नियम बनाए गए हैं, जिनके अंतर्गत सभी विश्वविद्यालय छात्र संघों के चुनाव अप्रत्यक्ष प्रणाली से होते हैं और विश्वविद्यालय से संबद्ध सभी महाविद्यालयों से चुने गए विश्वविद्यालय प्रतिनिधि पदाधिकारियों का चुनाव करते हैं। कर्नाटक, आंध्र, राजस्थान, उड़ीसा, गुजरात हिमाचल, असम आदि प्रदेशों में विश्वविद्यालय छात्र संघ नहीं हैं, परंतु महाविद्यालय छात्र संघों के चुनाव होते हैं। कर्नाटक के मंगलौर विश्वविद्यालय के महाविद्यालय छात्र संघों के पदाधिकारियों ने परस्पर मिलकर ऑल कॉलेज स्टूडेंट्स यूनियन बनाई हुई है। असम में भी ऐसी ऑल असम स्टूडेंट्स यूनियन (आसू) बनी हुई है, जो एक पुरानी संस्था है और जिसने असम आंदोलन का नेतृत्व किया था।

केरल, आंध्र, मध्य प्रदेश, बिहार, उत्तर प्रदेश, उड़ीसा, बंगाल आदि प्रदेशों में छात्र संघ चुनाव बड़े जोर-शोर से होते हैं, जबकि कर्नाटक, महाराष्ट्र, तमिलनाडु, गुजरात, जम्मू-कश्मीर आदि प्रांतों में अपेक्षाकृत उनका महत्त्व कम है।

कुल मिलाकर छात्र संघों के संदर्भ में यह तथ्य ध्यान देने योग्य है कि अधिकतर विश्वविद्यालयों एवं महाविद्यालयों में छात्र संघ हैं ही नहीं। ऐसे भी छात्र संघ हैं, जिनका गठन मनोनयन द्वारा होता है, न कि चुनाव द्वारा। पर यह भी सच है कि छात्र संघ एवं चुनाव देश के उच्च शिक्षा जगत् की एक महत्त्वपूर्ण एवं कुछ हद तक विवादास्पद गतिविधि हैं।

विचारणीय मुद्दे

चर्चा अथवा विवाद के मुख्य मुद्दे इस प्रकार हैं—छात्र संघ की उपयोगिता एवं आवश्यकता क्या है? क्या छात्र संघ का गठन चुनाव द्वारा

होना वांछनीय है? छात्र संघ चुनावों में राजनीतिक दलों की भूमिका कितनी वांछनीय है? क्या छात्र संघों के माध्यम से योग्य नेता तैयार होते हैं? छात्र संघ चुनावों की बुराइयाँ कैसे दूर होंगी और क्या यह संभव है? छात्र संघ एक प्रभावी एवं उद्देश्यपरक संस्था कैसे बने?

अकसर छात्र संघ चुनावों की बुराइयों एवं छात्र संघों द्वारा यदा-कदा की जाने वाली अनुशासनहीन कार्रवाइयों के कारण उनकी आवश्यकता एवं उपयोगिता पर प्रश्चचिह्न लगा दिया जाता है। सरकार में बैठे लोगों अथवा शैक्षणिक प्रशासकों का यह प्रयास रहता है कि छात्र संघ का चुनाव न हो या छात्र संघ की गतिविधियों पर अंकुश रखा जाए। गत वर्षों में उत्तर प्रदेश, पंजाब, हरियाणा, बिहार, बंगाल आदि प्रदेशों में छात्र संघों के चुनाव या तो हुए नहीं, अथवा उनमें अनियमितता रही। जहाँ चुनाव नियमित रूप से होते हैं, वहाँ पर बहुधा प्रशासक उसे एक 'आवश्यक बुराई' समझकर सहन करते हैं।

चुनाव की गड़बड़ियों अथवा अनुशासनहीनता की कुछ कार्रवाइयों के कारण छात्र संघ को ही समाप्त करने की बात करना वैसी ही बात है, जैसी रोग को समाप्त करने के लिए रोगी को मार देने की बात। वास्तव में छात्रों और उनकी संस्थाओं के बारे में यह धारणा बहुधा दिखाई देती है कि छात्र उद्दंड, अनुशासनहीन एवं अपरिपक्व होते हैं और इसलिए उन्हें तरह-तरह के अनुशासन में बाँधना आवश्यक है। यद्यपि उम्र के लिहाज से कॉलेज का छात्र एक आम नागरिक की तुलना में छोटा होता है और कुछ सीमा तक अनुभवहीन भी, पर उसे बच्चा समझकर व्यवहार करना भी अविवेकपूर्ण मानसिकता को दर्शाता है। भारत के संविधान में भी 18 वर्ष की आयु में व्यक्ति को बालिग करार दिया गया है, इसलिए कम-से-कम महाविद्यालयीन विद्यार्थी को अबोध समझना नादानी का लक्षण है।

यह निर्विवाद सत्य है कि छात्र संघ अनेक बुराइयों से ग्रस्त दिखाई देते हैं। पर विचार करें कि क्या छात्र संघ ही इसके लिए जिम्मेदार हैं? देश के राजनीतिक जीवन पर नजर डालें तो दिखाई देगा कि कई बड़े-बड़े नेताओं तक का व्यवहार छात्र नेताओं की तुलना में बेहतर नहीं है। तो क्या लोकसभा

और विधानसभाओं के चुनाव भी बंद नहीं करने चाहिए? तथाकथित परिपक्व आयु और अनुभव समृद्ध लोगों द्वारा संचालित संस्थाएँ, चाहे वे मजदूर संगठन हों या धार्मिक संगठन, व्यावसायिक संगठन हों या जातीय संगठन, क्या उन दोषों से मुक्त हैं, जो छात्र संघों में दिखाई देते हैं। गंभीरता से सोचने पर यह निष्कर्ष निकालना पड़ेगा कि प्रजातांत्रिक पद्धति के विकास के लिए छात्र संघ और उस जैसी अनेक संस्थाओं का विकास इस देश में होना चाहिए। प्रजातांत्रिक पद्धति यदि लोकसभा व विधानसभा चुनावों तक ही सीमित रहेगी तो उसका सही विकास इस देश में कभी नहीं हो सकेगा।

वास्तव में तो यह कहना पड़ेगा कि देश के राजनीतिक व सामाजिक जीवन की बुराइयों का प्रतिबिंब दिखाई देता है छात्र राजनीति में। इसलिए दोषी कोई है तो राजनीतिक व सामाजिक नेतृत्व पहले और विद्यार्थी बाद में। इस कटु सत्य को हम जितना शीघ्र पहचान लें, उतना ही बुराइयों को दूर करने में मदद मिलेगी।

छात्र संघ न केवल छात्रोपयोगी गतिविधियाँ आयोजित करने एवं छात्र समस्याएँ सुलझाने के लिए एक उपयोगी माध्यम है, बल्कि छात्र को प्रजातांत्रिक प्रणाली का अनुभव व प्रशिक्षण देने के लिए आवश्यक निकाय भी है। सामूहिक जीवन जीने का पहला सबक छात्र संघ के माध्यम से विद्यार्थी को मिलता है और उसकी नेतृत्व क्षमता का विकास प्रारंभ होता है।

चुनाव आवश्यक है?

अब प्रश्न उठता है कि क्या छात्र संघ का गठन चुनावों के माध्यम से ही होना चाहिए? कई बार यह सुझाव दिया जाता है कि पढ़ाई में अथवा खेल-कूद आदि में अग्रणी रहनेवाले विद्यार्थियों को छात्र संघ पदाधिकारी मनोनीत कर देना चाहिए। कहीं-कहीं ऐसे प्रयास भी हुए हैं, परंतु अनुभव यह बताता है कि ऐसे मनोनीत पदाधिकारी छात्र संघ गतिविधियों में रुचि नहीं लेते। वे या तो अपनी पढ़ाई व अपनी रुचि की गतिविधियों में संलग्न रहते हैं अथवा प्रशासकों के पिठ्ठू बन जाते हैं। मनोनीत नेतृत्व संघर्ष की मानसिकता कभी

नहीं रखता। वास्तव में तो प्रजातांत्रिक प्रणाली और चुनाव एक ही सिक्के के दो पहलू हैं, उन्हें अलग किया ही नहीं जा सकता। इसलिए प्रभावी व न्यायोचित छात्र संघ वही हो सकता है, जो चुनाव द्वारा मान्यता प्राप्त हो।

पर इसका अर्थ क्या यह है कि छात्र संघ चुनावों में व्याप्त बुराइयों को अनदेखा किया जाए? कदापि नहीं! छात्र संघ चुनावों की बुराइयों के विरुद्ध आवाज उठाना एवं जनमत बनाना भी आज की आवश्यकता है। शिक्षा संस्थानों के प्रशासकों की इस दृष्टि से सीधी जिम्मेदारी बनती है। छात्र संघ चुनाव संबंधी नियमों को इस प्रकार संशोधित किया जाए कि गलत तरीकों से चुनाव लड़ने व जीतने का प्रयास करनेवाले सफल न हों। यह काम छात्र संगठनों एवं छात्र संघ पदाधिकारियों को विश्वास में लेकर ही किया जा सकता है। जहाँ नियमों में संशोधन की आवश्यकता है, वहाँ वैसा किया जाए अन्यथा आचार संहिता बनाकर उसके पालन का आग्रह किया जाए। ऐसे नियम बनाने का लाभ नहीं होता, जिन्हें लागू न किया जा सके उदाहरणार्थ, विश्वविद्यालय चुनावों में पोस्टरबाजी समाप्त करना। संभवत: यह नियम बनाकर नहीं किया जा सकता। इसलिए आचार-संहिता में इस पर बल दिया जाए और विद्यार्थियों व प्रत्याशियों को इसके प्रति जागरूक किया जाए।

राजनीतिक दलों की भूमिका

छात्र संघ चुनावों की बुराइयों में राजनीतिक दलों की बहुत बड़ी भूमिका है। हमारे देश के अधिकांश राजनीतिक दल चाहे वे राष्ट्रीय हों अथवा प्रादेशिक, यह प्रयास करते हैं कि समाज-जीवन के विभिन्न क्षेत्रों में उनकी शाखाएँ चलें। विशेषकर मजदूरों और विद्यार्थियों के बीच प्राय: हर दल से संबंधित संगठन काम करते हैं। राजनीतिक दलों में यह होड़ दिखाई देती है कि छात्र संघों में उनके समर्थक नेता चुने जाएँ। फिर इसके लिए उन्हें चाहे जो भी करना पड़े। सच तो यह है कि छात्र संघ नेता बनने के इच्छुक विद्यार्थी देश के राजनीतिक वातावरण की नकल करते हैं और ऐसा करने में बहुधा उन्हें किसी-न-किसी राजनीतिक नेता की शह मिलती है।

पर यह निष्कर्ष निकालना उचित नहीं है कि केवल राजनीतिक दलों के समर्थन प्राप्त आदर्शहीन और पेशेवर छात्र नेता ही चुनाव लड़ते हैं। अनेक बार अच्छे योग्य विद्यार्थी भी चुनाव लड़ते और जीतते हैं। राजनीतिक दलों से जुड़े हुए सभी छात्र नेता भी खराब नहीं होते और राजनीतिक दलों से असंबद्ध रहकर अथवा मूल्यों की राजनीति में आस्था रखनेवाले छात्र नेता अथवा संगठन भी विभिन्न शैक्षणिक परिसरों में दिखाई देते हैं। गुजरात के नवनिर्माण आंदोलन, बिहार से प्रारंभ हुए जयप्रकाश आंदोलन की यादें अभी पुरानी नहीं हुई हैं। इन आंदोलनों में छात्र नेतृत्व ने सामाजिक, आर्थिक, राजनीतिक एवं शैक्षणिक विषयों पर अपनी परिपक्वता का सबूत दिया था। अभी-अभी असम में ऑल असम स्टूडेंट्स यूनियन ने छात्र नेतृत्व के इतिहास में एक स्वर्णिम पृष्ठ जोड़ा है।

स्वस्थ ढंग से चुनाव लड़े जाने का उदाहरण जवाहरलाल नेहरू विश्वविद्यालय में दिखाई देता है। यद्यपि आंदोलनों और राजनीतिक वर्चस्व के लिए यह विश्वविद्यालय कुछ बदनाम हुआ है, पर जहाँ तक छात्र संघ चुनाव का प्रश्न है, वह काफी स्वस्थ और प्रजातांत्रिक रीति से लड़ा जाता है। स्वयं छात्र ही चुनाव का संचालन करते हैं। गुंडागर्दी अथवा हिंसा नाममात्र की भी नहीं होती। पोस्टरबाजी और चुनाव सभाएँ खूब होती हैं। प्रत्याशी बहुत अधिक खर्चा भी नहीं करते। यद्यपि प्रत्याशी राजनीतिक विचारधाराओं से स्पष्ट जुड़े होते हैं, परंतु मेधावी छात्र ही चुनाव मैदान में उतरने की हिम्मत कर पाते हैं।

छात्र संघ गतिविधियाँ

छात्र संघों की कार्यप्रणाली और गतिविधियों में भी काफी सुधार की आवश्यकता है। छात्र संघ मात्र विद्यार्थियों की समस्याएँ सुलझाने का मंच ही नहीं, अपितु छात्रों की शक्ति को विधायक दिशा प्रदान करने का माध्यम बने, इसके लिए छात्रों में जागरूकता पैदा करनी होगी। विद्यार्थियों को तरह-तरह की रचनात्मक गतिविधियों में प्रवृत्त करने, उनके बीच सामाजिक-राजनीतिक जागृति उत्पन्न करने, उनके गुणों का विकास करने एवं उन्हें

विभिन्न प्रकार का ज्ञानार्जन कराने का कार्य भी छात्र संघ की गतिविधियों का हिस्सा बनना चाहिए।

छात्र संघ की आंतरिक कार्यप्रणाली को प्रजातांत्रिक बनाने की भी आवश्यकता दिखाई देती है। बहुधा छात्र संघ नेता एक निरंकुश सत्ताधीश की तरह व्यवहार करते है और सहयोगियों को विश्वास में लेने की आवश्यकता नहीं समझते। इस प्रवृत्ति को भी रोकना होगा। छात्र संघ कोष का दुरुपयोग करने एवं ठीक हिसाब न रखने के उदाहरण भी मिलते हैं, यह बुराई भी समाप्त करनी होगी।

भारत के उच्च शिक्षा जगत् के लिए जिसकी एक-एक अनुशंसा वेदवाक्य बन चुकी है उस कोठारी आयोग ने कहा था—'कक्षा के बाहर विश्वविद्यालय जीवन में छात्र सहभाग प्राप्त करने में छात्र संघ एक महत्त्वपूर्ण मार्ग प्रदान करता है। उचित ढंग से संगठित होने पर वे स्वशासन और स्वानुशासन में सहयोगी बनते हैं तथा छात्रों की शक्ति को स्वस्थ दिशा प्रदान करते हुए छात्रों को प्रजातांत्रिक तरीकों का उपयोगी प्रशिक्षण प्रदान करते हैं।' संभवतः छात्र संघ की उपयोगिता, आवश्यकता एवं वांछनीयता का इससे अधिक सशक्त प्रतिपादन नहीं किया जा सकता।

(साप्ताहिक हिंदुस्तान, 31 अगस्त से 6 सितंबर, 1986)

□

राष्ट्र-निर्माण और अभाविप

भारत में 15 अगस्त, 1947 को अंग्रेजी शासन से मुक्ति के पश्चात् राष्ट्रीय पुनर्निर्माण का महती कार्य प्रारंभ हुआ। इस निर्माण कार्य में विद्यार्थियों के योगदान के लिए देश के कुछ राष्ट्रवादी विद्यार्थियों एवं अध्यापकों ने जून-जुलाई 1948 में अखिल भारतीय विद्यार्थी परिषद् के रूप में एक संस्था प्रारंभ की। एक वर्ष पश्चात् 9 जुलाई, 1949 को संस्था का विधिवत् गठन एवं सोसाइटी के रूप में पंजीकरण किया गया। तत्पश्चात् उसी 9 जुलाई को परिषद् ने अपना 'स्थापना दिवस' माना। तदनुसार 9 जुलाई, 2009 को परिषद् की स्थापना के 60 वर्ष पूर्ण हुए। आज जब परिषद् 60 वर्ष पुरानी संस्था हो गई है, तब यह प्रश्न स्वाभाविक ही पूछा जा सकता है कि उसका राष्ट्र पुनर्निर्माण के कार्य में क्या योगदान रहा?

परिषद् के योगदान के कई आयाम हैं। कुछ आयाम मौलिक हैं तो कुछ महत्त्वपूर्ण हैं। भारत में सामान्य नागरिकों में राष्ट्रभक्ति व सामाजिकता के जिन संस्कारों का अभाव दिखता है, परिषद् ने विद्यार्थियों के बीच उन संस्कारों को प्रबल बनाने का कार्य किया। यह परिषद् का प्रथम मौलिक योगदान है। संस्कार प्रबल करने की इस प्रक्रिया को व्यक्तिनिर्माण भी कहा जाता है। परिषद् की मान्यता है कि व्यक्तिनिर्माण से ही राष्ट्र-निर्माण संभव होता है। अभाविप गर्व के साथ यह कह सकती है कि 60 वर्षों में उसने हजारों-हजार विद्यार्थियों में राष्ट्रीय एवं सामाजिक चेतना जगाई, जिसके परिणामस्वरूप भारत को अच्छे नागरिकों की एक सशक्त श्रृंखला प्राप्त हुई।

परिषद् से संस्कार एवं प्रशिक्षण पानेवाले नागरिक एवं सामाजिक कार्यकर्ता आज चहुँओर दिखाई देते हैं।

परिषद् मूलतः महाविद्यालयीन विद्यार्थियों का संगठन है। राष्ट्र-निर्माण में उसके मौलिक योगदान का दूसरा आयाम है उसके द्वारा भारत के विभिन्न महाविद्यालयों, विश्वविद्यालयों एवं प्रदेशों में ऐसे संस्कारित विद्यार्थियों का स्थायी अखिल भारतीय संगठन खड़ा करना, जो राष्ट्र सेवा के कार्य में सतत रत रहता है। चूँकि विद्यार्थी एक समुदाय के रूप में प्रवाहमान समुदाय होता है अर्थात् आज के विद्यार्थी कल विद्यार्थी नहीं रहते, इसलिए ऐसे समुदाय को संगठित कर पाना सरल कार्य नहीं होता और चूँकि महाविद्यालयीन और विश्वविद्यालयीन विद्यार्थी समुदाय अधिक प्रवाहमान होता है, इसलिए उसको संगठित करना अथवा उसका स्थायी संगठन खड़ा करना और अधिक दुष्कर कार्य होता है। परंतु परिषद् यह कर पाने में सफल रही है। दो कारणों से यह सफलता प्राप्त हुई। एक, कुशल संगठकों द्वारा यह कार्य संपन्न होना तथा दो, परिषद् में अध्यापकों द्वारा भी कार्यकर्ता बनना। परिषद् की विशेषता रही है कि स्थापना काल से ही कार्यकर्ता की भूमिका में अध्यापक इसमें सक्रिय रहे हैं। परिषद् में स्थायी कार्यकर्ता के रूप में अध्यापक भूमिका निभाते हैं। परिषद् अनेक प्रकार के छात्रोपयोगी व राष्ट्रोपयोगी कार्य देश में करती है, जिन्हें वह इसलिए कर पाती है, क्योंकि उसके पास एक स्थायी संगठन तंत्र है, यद्यपि उसके अधिकांश सदस्य व कार्यकर्ता बदलते रहते हैं। परिषद् द्वारा गत 60 वर्षों में कौन से छात्रोपयोगी, समाजोपयोगी अथवा राष्ट्रोपयोगी कार्य किए गए, इसका उत्तर देने के लिए एक स्वतंत्र लेख की आवश्यकता है।

राष्ट्र-निर्माण में परिषद् के मौलिक योगदान का तीसरा आयाम है उसके संगठन का स्वतंत्र व स्वायत्त रूप, जिसके कारण परिषद् एक धारदार संगठन के रूप में राष्ट्रोपयोगी कार्यों में रत रहती है। सार्वजनिक सामाजिक जीवन को समृद्ध बनाने में वही संगठन समर्थ होते हैं, जो स्वतंत्र एवं स्वायत्त भूमिका निभाते हैं। दुर्भाग्यवश हमारे देश में सामाजिक गतिविधियों एवं संगठनों पर प्रायः राजनीतिज्ञों का वर्चस्व हो जाता है, जिसका अधिकांश

लाभ राजनीतिज्ञ अपने छोटे निजी व दलीय हितों को साधने में उठाते हैं। परिषद् ने स्वयं को प्रयत्नपूर्वक ऐसे वर्चस्व से मुक्त रखा और इसी कारण वह एक प्रभावी संगठन बन पाया।

राष्ट्र-निर्माण में परिषद् के मौलिक योगदान का चौथा परंतु सर्वाधिक महत्त्वपूर्ण आयाम है 'छात्रशक्ति' की परिकल्पना की प्रस्तुति व छात्र-शक्ति की खोज (discovery)। अपने अनेक वर्षों के कार्यानुभव एवं देश-विदेशों की छात्र सक्रियता के अध्ययन के आधार पर अभाविप ने एक सिद्धांत प्रतिपादित किया कि आधुनिक संदर्भ में छात्र 'कल का नहीं, आज का नागरिक' होता है। परिषद् ने गहन चिंतन-मनन के आधार पर यह कहा, न कि एक आकर्षक नारा देने के लिए। परिषद् की मान्यता है कि आज के नागरिकों के रूप में विद्यार्थियों की संगठित शक्ति देश एवं समाज के सभी महत्त्पूर्ण विषयों का चिंतन-विश्लेषण भी कर सकती है एवं उनके संबंध में विचार व्यक्त करने एवं योग्य भूमिका निभाने का दायित्व भी निभा सकती है। विद्यार्थियों की इसी भूमिका को परिषद् ने छात्र की आज के नागरिक की भूमिका अथवा उसकी देशहित प्रहरी, सामाजिक अंकुश (deterrent) एवं सामाजिक दंडशक्ति की भूमिका कहा। अपने संपूर्ण इतिहास में परिषद् ने अनेक बार इस भूमिका को निभाया है।

राष्ट्र-निर्माण में परिषद् के योगदान के दो अन्य आयाम थोड़ा अलग प्रकार के हैं जो अपनी मौलिकता के कारण नहीं, अपितु सार्थकता के कारण महत्त्व रखते हैं। सामाजिक जीवन की गुणवत्ता सदा ही मूल्यों अर्थात् सिद्धांतों व आदर्शों के अनुसार चलनेवाले व्यक्तियों और संगठनों से निर्धारित होती हैं। उसमें भी शुरुआत व्यक्ति से होती है।

व्यक्ति मूल्यों पर चलते हैं तो जिस संगठन में वे कार्यरत होते हैं, वह संगठन भी तदनुरूप चलते हैं। पुस्तकों में लिखे मूल्यों का समाज के दैनंदिन जीवन में उतना प्रभाव नहीं पड़ता जितना व्यवहार में उनके अनुरूप चलनेवाले व्यक्तियों व संगठनों के प्रत्यक्ष उदाहरणों का पड़ता है। परिषद् ने एक सामाजिक संगठन के रूप में चिंतन एवं व्यवहार संबंधी

ऐसे दो उदाहरण प्रस्तुत किए, जिनसे निश्चित ही सामाजिक राष्ट्रीय जीवन लाभान्वित हो रहा हैं।

अभाविप का आज जो भी रूप और स्थान राष्ट्रीय और सामाजिक क्षेत्र में है, उसका अधिकाशं श्रेय स्व. प्राध्यापक यशवंतराव केलकर को जाता है। प्रो. केलकर एक दूरद्रष्टा, समर्पित सामाजिक कार्यकर्ता, गहन सामाजिक चिंतक व विश्लेषक व अद्वितीय संगठक थे। वे मुंबई के एक महाविद्यालय में अंग्रेजी के प्राध्यापक थे, जिन्होंने लगभग 30 वर्ष अभाविप का नेतृत्व किया। वे परिषद् के संस्थापक नहीं थे, पर परिषद् के वास्ताविक शिल्पकार थे। लगभग 32 वर्ष की आयु में जब उन्होंने परिषद् का कार्य प्रारंभ किया, तब सामाजिक सक्रियता का भरपूर अनुभव उन्हें प्राप्त हो चुका था। अपने अनुभवों और गहरी समझ के आधार पर उन्होंने दो विषयों का परिषद् में अत्यंत आग्रह किया—(1) चिंतन के स्तर पर उन्होंने कहा कि राष्ट्र-निर्माण का कार्य एक सकारात्मक व रचनात्मक कार्य है, इसलिए कार्यकर्ताओं को रचनात्मक मानसिकता से कार्य करना चाहिए और संगठन में रचनात्मक गातिविधियों को महत्त्व देना चाहिए; (2) व्यवहार के स्तर पर उन्होंने कहा कि एक सामाजिक संगठन व्यक्तियों से बनता है, पर कभी भी संगठन में एक अथवा थोड़े लोगों को अपनी मरजी नहीं चलानी चाहिए। उनका आग्रह था कि संगठन का संचालन 'सामूहिकता की कार्यपद्धति' के आधार पर होना चाहिए अर्थात् संगठन में विचार-विमर्श करने, निर्णय लेने व उन्हें क्रियान्वित करने की सभी प्रक्रियाओं में सबका सहभाग होना चाहिए।

अभाविप प्रो. केलकर के दिखाए मार्ग पर चली, जिसके कारण उसके चिंतन व कार्यपद्धति के उदाहरण अनुकरणीय बन गए हैं।

अभाविप अंतरराष्ट्रीय स्तर पर भी एक ठोस योगदान के प्रयास में लगी है। 1985 में जब 'अंतरराष्ट्रीय युवा वर्ष' मनाया गया, तब अभाविप ने 'विश्व विद्यार्थी युवा संघ' नामक अंतरराष्ट्रीय मंच की स्थापना की थी। अभाविप की मान्यता है कि छात्र एवं युवा जैसे निर्माण में भूमिका निभा

सकते हैं, वैसे ही पूरे विश्व में भी वे एक सार्थक भूमिका निभा सकते हैं। उसी मान्यता को मूर्तरूप देने के लिए 'विश्व विद्यार्थी युवा संघ' की स्थापना की गई थी। यद्यपि उसके कार्य में अधिक प्रगति नहीं हुई है, परंतु फिर भी उस संबंध में परिषद् कृतसंकल्प भी है और क्रियाशील भी।

(2009)

□

छात्र शक्ति-राष्ट्र शक्ति

किसी समाज, देश अथवा राष्ट्र के सार्वजनिक जीवन में जहाँ एक ओर विविध मान्यताएँ, विचारधाराएँ एवं जीवन मूल्य अमूर्त रूप में अपनी भूमिका निभाते हैं, वहीं उन्हें मूर्तरूप में व्यक्त करनेवाली अनेक संस्थाएँ अथवा संगठन एवं प्रमुख व्यक्ति भी अपनी भूमिका निभाते हैं। ऐसी सभी मान्यताएँ, विचारधाराएँ, मूल्य, संगठन एवं व्यक्ति, समाज जीवन को दिशा देने का प्रयास करते हैं तथा सार्वजनिक जीवन में अपना विशिष्ट प्रभाव निर्माण करते हैं, जबकि कुछ का प्रभाव सामान्य और सीमित ही रहता है। सार्वजनिक जीवन ऐसे सभी प्रभावों के अनुसार चलता रहता है।

समाज जीवन को दिशा देनेवाले विभिन्न तत्त्वों में एक श्रेणी होती है सार्वजनिक संस्थाओं अथवा संगठनों की। संगठन भी कई प्रकार के होते हैं। संगठनों का आधार समाज जीवन की विभिन्न गतिविधियाँ भी होती हैं, उदाहरणार्थ राजनीतिक, आर्थिक, शैक्षिक, सांस्कृतिक, धार्मिक आदि तथा आयु, वर्ग, लिंग, जाति, व्यवसाय आदि के आधार पर भी वे निर्मित होते हैं। सामूहिक हितों, संदर्भों अथवा वर्गीकरण के आधार पर संगठनों के और भी कई प्रकार होते हैं अथवा हो सकते हैं।

संगठनों की श्रेणी में छात्र संगठन भी आते हैं। विश्व में अथवा भारत में छात्र संगठन कब से बनने लगे और समाज जीवन में छात्रों की अथवा छात्र संगठनों की क्या भूमिका रही, यह एक उत्सुकता एवं शोध का विषय हो सकता है। परंतु छात्रों की भूमिका के संबंध में यदि हम बीसवीं शताब्दी

के कुछ उदाहरणों पर नजर डालें तो विभिन्न देशों के पश्चिमी उपनिवेशवाद के विरुद्ध हुए राष्ट्रवादी संघर्षों में विद्यार्थी भी सक्रिय रूप से सहभागी दिखाई देते हैं। भारत में महात्मा गांधी के आह्वान पर हजारों छात्रों ने सरकारी शालाएँ छोड़ दीं। यह बात लगभग 1920 की है। फाँसी के तख्ते पर चढ़े बहुतांश क्रांतिकारी छात्र थे। पूरे स्वाधीनता आंदोलन में छात्र सहभाग लक्षणीय था। चीन में भी 1919 में जापानी साम्राज्यवाद के विरुद्ध छात्रों ने संघर्ष किया। इसी प्रकार यदि हम छात्र संगठनों के निर्माण के संबंध में भारत के ताजा इतिहास पर नजर डालें तो दिखाई देता है कि प्राय: राजनीतिक दलों की छात्र शाखाओं के रूप में ही संगठन अस्तित्व में आए और उसी भूमिका हेतु वे सक्रिय बने। किंतु इनमें एक अपवाद भी निर्मित हुआ। स्वाधीनता प्राप्ति के तुरंत पश्चात् 1948 में जन्म लेने वाला छात्र संगठन अखिल भारतीय विद्यार्थी परिषद् (अभाविप) एक अलग प्रकार के संगठन के रूप में देश में उभरा। यद्यपि अनेकों की दृष्टि में उसे भी एक राजनीतिक दल की शाखा माना गया और कुछ सीमा तक अभी भी माना जाता है, परंतु सच्चाई कुछ और ही है। लीक से हटकर स्वतंत्र एवं मौलिक रूप से कार्य करनेवाला एक विशिष्ट एवं अद्वितीय संगठन है अभाविप। स्वाधीन भारत के जीवन में जिन्होंने सार्थक एवं प्रभावी भूमिका निभाई है और आज भी निभा रहे हैं उन संगठनों में से एक है अभाविप।

'छात्र शक्ति-राष्ट्र शक्ति' उद्घोष अथवा संकल्पना अभाविप ने ही देश के सम्मुख प्रस्तुत की है। यह संकल्पना अभाविप के संपूर्ण चिंतन का निचोड़ भी है और उसके प्रयत्नों का लक्ष्य भी। अभाविप की सारी सार्थकता इस संकल्पना में समाहित है।

इससे पूर्व कि उपर्युक्त संकल्पना का पूरा विवेचन किया जाए, संक्षेप में यह बताना आवश्यक होगा कि आम धारणा के बावजूद अभाविप एक राजनीतिक दल की शाखा कैसे और क्यों नहीं है। यह सत्य है कि अभाविप को भारतीय जनता पार्टी (भाजपा) की छात्र शाखा समझा जाता है। वास्तविकता यह भी है कि अभाविप व भाजपा (पूर्व का नाम भारतीय

जन संघ) की स्थापना में देश के एक अन्य बड़े संगठन-राष्ट्रीय स्वयंसेवक संघ के स्वयंसेवकों की मुख्य भूमिका रही और इसलिए दोनों का राष्ट्रीय स्वयंसेवक संघ से और उसके परिणामस्वरूप एक-दूसरे से वैचारिक संबंध है। परंतु इस भेद को समझना आवश्यक है कि दो संगठनों की वैचारिक निकटता के बावजूद भी वे एक-दूसरे से स्वतंत्र हो सकते हैं। भाजपा और अभाविप का रिश्ता इसी प्रकार का है और यह सरलीकरण का दोष है कि उन्हें मूल संगठन और शाखा मान लिया जाता है।

अभाविप द्वारा राजनीतिक दल की शाखा न बनने का कारण है उसकी यह मान्यता कि राष्ट्रजीवन में राजनीति अनेक सामाजिक गतिविधियों में से एक होती है, न कि एकमात्र, और समाज जीवन को सुचारु रूप से चलाने में राज्य, सत्ता और राजनीति की भूमिका महत्त्वपूर्ण तो होती है, परंतु उसकी एक सीमा है और वही सबकुछ नहीं होती। इसलिए न तो यह वांछनीय है और न ही आवश्यक कि सभी सामाजिक गतिविधियाँ सत्ता अथवा राजनीति पर निर्भर रहें अथवा उनके द्वारा संचालित हों। वैसे भी सत्ता की प्रकृति के बारे में कहा गया है कि उसमें भ्रष्ट और निरंकुश होने की प्रवृत्ति होती है। कहा गया है कि "सत्ता भ्रष्ट करती है और पूर्ण सत्ता पूर्णतः भ्रष्ट करती है"। अतः यह बिल्कुल आवश्यक नहीं कि सभी सामाजिक संगठन राजनीतिक दलों द्वारा संचालित हों अथवा उन्हें सत्ताधिष्ठित करने के कार्य में ही लगे रहें। उलटे यह होना चाहिए कि सार्वजनिक जीवन में ऐसे संगठन प्रभावी होने चाहिए, जो सत्ता, शासन अथवा राजनीति को समाजहित के मार्ग से इधर-उधर न होने दें। इसलिए अभाविप ने विचारपूर्वक यह तय किया कि वह राजनीतिक दल की शाखा बनने की बजाय एक संपूर्ण एवं विशिष्ट छात्र संगठन के रूप में राष्ट्रसेवा का कार्य संपन्न करेगी।

'छात्र शक्ति-राष्ट्र शक्ति' संकल्पना को समझने के लिए संक्षेप में क्यों न हो, अभाविप के इतिहास को जानना पड़ेगा। जब 1947 में देश आजाद हुआ, तब स्वाभाविक ही राष्ट्रभक्त एवं विचारशील लोगों ने इस बात को पहचाना कि देश की प्रगति के लिए चहुँमुखी प्रयास करने होंगे तथा इस

प्रयास में अनेक व्यक्तियों, संगठनों, सामाजिक वर्गों व सरकार की शक्ति लगनी होगी। सामाजिक वर्गो में एक वर्ग विद्यार्थियों का भी था। राष्ट्र-निर्माण में इस वर्ग की शक्ति के नियोजन हेतु अभाविप की स्थापना हुई। स्थापना का कार्य कुछ राष्ट्रवादी विद्यार्थियों व शिक्षकों ने मिलकर किया। यद्यपि संस्थापकों को राष्ट्र-निर्माण का अपना उद्द्देश्य स्पष्ट था, किंतु उसे प्राप्त करने का मार्ग उन्हें खोजना पड़ा। यह मार्ग उन्होंने अनेक प्रयत्नों एवं अनुभवों से खोजा और इसमें समय भी लगा। चूँकि संगठन की स्थापना राष्ट्र-निर्माण हेतु हुई थी और निर्माण एक सकारात्मक कार्य होता है, इसलिए सकारात्मक अर्थात् रचनात्मक गतिविधियों से परिषद् का कार्य प्रारंभ हुआ। परंतु सामाजिक जीवन में समाजहित विरोधी व नकारात्मक तत्त्व भी रहा करते हैं, जिनके कारण समस्याएँ एवं कठिनाइयाँ सामने आती हैं, इसलिए परिषद् ने उनके निराकरण हेतु प्रयत्न करने एवं आवश्यकतानुसार आंदोलन करने को भी अपना कार्य माना। परिषद् का कार्य महाविद्यालयीन विद्यार्थियों में प्रारंभ हुआ था तथा कई महाविद्यालयों व विश्वविद्यालयों में छात्र संघों के चुनाव होते थे तो परिषद् ने छात्रों को योग्य नेतृत्व प्रदान करने हेतु छात्र संघ चुनावों में भी भाग लेना प्रारंभ किया। इस प्रकार अभाविप का मार्ग व गतिविधियाँ आकार लेने लगीं।

उपर्युक्त प्रक्रिया के चलते 1960-70 का दशक आया। यह दशक भारत में व पूरे विश्व में छात्र सक्रियता का सबसे महत्त्वपूर्ण दशक था। दशक का उत्तरार्ध आते-आते भारत स्वाधीनता के बीस वर्ष पूरे का चुका है। तीन पंचवर्षीय योजनाएँ पूरी हो चुकी हैं। शैक्षिक, राजनीतिक व आर्थिक क्षेत्रों में वैसी प्रगति नही हुई जिसकी अपेक्षा की गई थी। भारत में कई प्रकार के असंतोष व्याप्त थे, जिनसे विद्यार्थी भी प्रभावित हुए। उन वर्षों में भारत में कई तरह के छात्र आंदोलन हुए। विश्व के दूसरे भागों में भी हलचलें तेज थीं। ऐसे वातावरण में कई देशों में छात्र सक्रियता ने प्रमुख भूमिका निभाई। इंडोनेशिया और फ्रांस में छात्र आंदोलनों के कारण सत्ता परिवर्तत हुए। अमेरिका में विश्वविद्यालयों की निर्णय प्रक्रिया में छात्रों के सहभाग की जोरदार माँग

हुई। हॉलैंड में वहाँ की राजकुमारी के एक नाजी के साथ विवाह का प्रचंड विरोध हुआ। कुछ अन्य देशों में भी विभिन्न मुद्दों पर छात्र आंदोलन हुए। आंदोलनों के इस दौर में अभाविप लगभग 20 वर्ष पुराना संगठन हो गया था। वह कुछ आंदोलनों का प्रेक्षक था तो कुछ में वह भागीदार भी बना। छात्रों की समाज जीवन में सार्थक एवं प्रभावी भूमिका को आकार देने का अनवरत प्रयत्न अभाविप कर ही रही थी। उसने तत्कालीन शिक्षा व्यवस्था की स्थिति, राजनीतिक व सामाजिक परिस्थिति, अपने 20-22 वर्षों के अनुभवों, देश-विदेश के छात्र आंदोलनों के उदाहरणों तथा उस संबंध में व्यक्त किए गए सिद्धांतों व विचारों के अध्ययन तथा छात्र समुदाय, विशेषकर महाविद्यालयीन विद्यार्थियों, की वर्ग विशेषताओं के विश्लेषण के आधार पर यह निष्कर्ष निकाला कि छात्र कल का नहीं आज का नागरिक है। 1971 में अभाविप ने अपना यह मौलिक प्रतिपादन देश के सम्मुख प्रस्तुत किया। 'छात्र शक्ति-राष्ट्र शक्ति' उसी प्रतिपादन पर आधारित है। अत: पहले हमें 'छात्र आज का नागरिक है' प्रतिपादन को समझना पड़ेगा।

परिषद् का यह प्रतिपादन एक लुभावना नारा अथवा सस्ती लोकप्रियता प्राप्त करने का हथकंडा नहीं था। उसे तो स्थापना से तब तक के उसके चिंतन, अध्ययन एवं विश्लेषण का परिणाम (डिस्कवरी) कहना उपयुक्त होगा। यह वैसी ही एक खोज थी, जैसी एक वैज्ञानिक अपने अथक परिश्रम से करता है। यह आविष्कार नहीं था एक खोज थी, जिसके पर्याप्त कारण परिषद् ने देश के सम्मुख प्रस्तुत किए।

परिषद् के इस प्रतिपादन से पूर्व देश में प्राय: यही कहा जाता था कि छात्र कल का नागरिक है। इस कथन की एक विशिष्ट पार्श्वभूमि थी। भारत की प्राचीन शिक्षा व्यवस्था गुरुकुल प्रथा पर आधारित थी। इस व्यवस्था में विद्यार्थी कई वर्षों तक गरुकुल में रहता था तथा चौबीसों घंटे विविध प्रकार के अध्ययन करता रहता था। उसकी पढ़ाई की आर्थिक व्यवस्था राज्य अथवा समाज करता था और विद्यार्थी चाहे संपन्न अथवा प्रतिष्ठित परिवार से हो अथवा सामान्य परिवार से, गुरुकुल में सबको समान माना जाता था।

विद्यार्थियों को परिवारों तथा प्रतिदिन की सामाजिक हलचलों से दूर गुरुकुलों में इसलिए भेजा जाता था, ताकि परिवारों अथवा समाज द्वारा झेली जा रही कठिनाई, दबावों व तनावों से वे अप्रभावित रहें एवं उनके अध्ययन में व्यवधान न आएँ। संपूर्ण सामाजिक व्यवस्था ऐसी थी कि विद्यार्थी समाज द्वारा प्रदत्त एक सुरक्षित वातावरण में अध्ययनरत रहता था और उससे यह अपेक्षा होती थी कि पढ़ाई पूरी करने के पश्चात् वह अपना नागरिक (सामाजिक) जीवन प्रारंभ करे। उस व्यवस्था की दृष्टि से यह अपेक्षा सही ही थी। इसी कारण विद्यार्थी को आने वाले कल का नागरिक कहा जाता था।

भारत की यह प्राचीन व्यवस्था कब और कैसे समाप्त हुई, यह एक अलग अध्ययन का विषय है, परंतु स्वाधीनता प्राप्ति पश्चात् के भारत में शिक्षा व्यवस्था में काफी परिवर्तन हो चुका था। न तो विद्यार्थी गुरुकुलों में पढ़ रहा था और न ही उसे पहले जैसी सुरक्षा प्राप्त थी। वह परिवार में रहकर दिन के कुछ घंटों और वर्ष के कुछ दिनों-महिनों के लिए पढ़ने जाता था। पढ़ाई हेतु राज्य अथवा समाज उसकी पूरी व्यवस्था नहीं करता था तथा कई बार जब परिवार भी यह नहीं कर पाता था तो पढ़ाई के लिए उसे स्वयं कमाना भी पड़ता था। अन्य परिवारजनों की तरह समाज में व्याप्त आर्थिक, सामाजिक विषमता से वह भी प्रभावित होता था तथा परिवार में रहते हुए वह पारिवारिक व सामाजिक कठिनाइयों, दबावों व तनावों में सहभागी भी बनता था। शिक्षा व्यवस्था में आए गुणात्मक परिवर्तन के कारण विद्यार्थी के लिए, विशेषकर महाविद्यालयीन विद्यार्थी के लिए, विद्या अध्ययन उसके जीवन संघर्ष का प्रथम चरण मात्र था।

गुरुकुल व्यवस्था और आधुनिक व्यवस्था में एक और भी महत्त्वपूर्ण अंतर था। गुरुकुलों में पढ़नेवाले पूर्ण विद्यार्थी होते थे और शिक्षा पाना ही उनकी संपूर्ण गतिविधि होती थी। इधर स्वाधीनता पूर्व की शैक्षिक और सामाजिक-आर्थिक व्यवस्था ऐसी थी कि गिने-चुने लोग ही उच्च शिक्षा पाते थे और समाज में विशेष सम्मान पाते थे। इसलिए स्वाधीन भारत में विश्वविद्यालयीन शिक्षा में बड़ी मात्रा में विद्यार्थी उच्च शिक्षा की ओर आकर्षित हुए तथा बड़ी

संख्या में महाविद्यालय व विश्वविद्यालय खोले गए। प्रवेश पानेवालों के एक भाग का उद्द्देश्य अध्ययन से अधिक डिग्री पाना हो गया। इसलिए चौबीसों घंटे अध्ययनरत रहना उनके लिए आवश्यक नहीं रहा। कुछ ऐसा ही अन्य देशों में भी हुआ। भारत के समान उन देशों में भी बड़ी संख्या में विद्यार्थी उच्च शिक्षा संस्थानों में प्रवेश पा रहे थे। इसलिए यह वैश्विक अनुभव आने लगा कि विद्यार्थी समुदाय के वर्गीय चरित्र में परिवर्तन हो गया तथा वह विद्यार्जन करनेवालों की अपेक्षा 'युवाओं का समुदाय' अधिक बन गया।

20वीं सदी के सातवें दशक के भारत में नई शैक्षिक परिस्थिति के साथ एक अन्य नई परिस्थिति भी अस्तित्व में आ गई थी। देश के विधान के अनुसार 18 वर्षीय युवा को वयस्क के नाते अब कई कानूनी अधिकार भी प्राप्त हो चुके थे। वयस्क का अर्थ ही होता है एक ऐसी आयु, जिसमें व्यक्ति की समझ इस सीमा तक विकसित हो जाती है कि अपने महत्त्वपूर्ण निर्णय स्वयं ले सके। भारत के महाविद्यालयों में प्रवेश लेने वाला विद्यार्थी प्रायः इसी आयु का होता था। बाद में चलकर तो 18 वर्ष पर मताधिकार का कानून भी देश में बना, जिसका अर्थ था कि उस आयु का युवा एवं विद्यार्थी राजनीति में रूचि लेने तथा जनप्रतिनिधि व सरकार चुनने के नागरिक के एक महत्त्वपूर्ण कर्तव्य को निभाने में सक्षम हो गया था।

एक व्यक्ति की परिपक्वता किस आयु में प्रारंभ हो जाती है, यह जानने के लिए एक बार प्राचीन भारतीय दर्शन में झाँकना भी उपयुक्त होगा। भारत में एक लोकोक्ति प्रचलित है—लालयेत पंचवर्षाणि, दशवर्षाणि ताड़येत, प्राप्तेतु षोड़शे वर्षे पुत्रं मित्र वदाचरेत्—जिसमें कहा गया है कि पुत्र की आयु जब 16 वर्ष की हो जाए, तब पिता द्वारा उसे मित्र जैसा व्यवहार दिया जाना चाहिए। यही बात एक और लोकोक्ति में भी कही गई है। यह कहा जाता है कि जब पिता की जूती बेटे के पाँव में आने लगे (अर्थात् जब बेटा शरीरिक रूप से इतना बड़ा हो जाए कि पिता-पुत्र के पाँवों का एवं शरीरों का आकार लगभग एक जैसा हो जाए) तो पिता द्वारा बेटे को अपने जैसा मानना शुरू कर देना चाहिए। (शरीर विज्ञान के अनुसार 16-17 वर्ष की आयु में एक

व्यक्ति का शारीरिक विकास लगभग पूर्ण हो जाता है तथा शारीरिक रूप से पिता-पुत्र एक जैसे दिखने लगते हैं) दोनों लोकोक्तियों का भाव यह है कि 16-17 वर्ष की आयु में एक युवा परिपक्वता प्राप्त करने लग जाता है, इसलिए पिता को परामर्श दिया गया है कि वह ऐसे पुत्र को छोटा एवं कम बुद्धि मानना बंद कर दे एवं जैसे मित्र से समान स्तर पर व्यवहार होता है, वैसे ही उससे व्यवहार प्रारंभ कर दे। भारत के महाविद्यालयों में प्रवेश पानेवाला विद्यार्थी निश्चित ही 16 वर्ष की आयु पूरी कर चुका होता था।

विद्यार्थी वर्ग की विशेषताओं का विचार करने पर अभाविप ने दो बातें और भी पाईं। प्रथम तो यह उसे संगठित करना सरल होता है और द्वितीय यह कि वह युवा वर्ग का ही एक अंग होता है। परिषद् ने अपने अध्ययन में समझा कि किसी वर्ग को संगठित करना तब सरल हो जाता है, जब उसके एकत्रित होने की संभावनाएँ अधिक हों। विद्यार्थियों के संबंध में यह परिस्थिति लागू होती ही है। महाविद्यालय व विश्वविद्यालय परिसरों में विद्यार्थी प्रायः प्रतिदिन बड़ी संख्या में एकत्रित होते हैं इसलिए उन्हें किसी उद्देश्य के लिए सरलता से संगठित किया जा सकता है। द्वितीय, परिषद् ने यह भी समझा कि महाविद्यालयीन विद्यार्थी 16 वर्ष से अधिक आयु का होता है तथा प्रायः इसी आयु से युवावस्था प्रारंभ होती है। युवाओं के बारे में सदा ही यह कहा जाता रहा है कि किसी समाज का भविष्य वे ही निर्धारित करते हैं अथवा समाज का उज्जवल भविष्य उन पर निर्भर करता है। अतः परिषद् ने माना कि युवा वर्ग के अंग के नाते विद्यार्थी देश के भविष्य निर्धारण में महत्त्वपूर्ण भूमिका निभा सकते हैं।

उपर्युक्त सभी शैक्षिक, सामाजिक, वैधानिक तथा छात्रों की आयु संबंधी एवं वर्गीय विशेषताओं को ध्यान में लेकर अभाविप ने निष्कर्ष निकाला कि महाविद्यालयीन विद्यार्थी अन्य नागरिकों की भाँति नागरिक जीवन निभाने की क्षमता रखता है। नागरिक जीवन अर्थात् देश समाज के सभी विषयों को समझने की योग्यता, उनमें रुचि लेने का अधिकार, उस परिप्रेक्ष्य में आवश्यक कदम उठाने की पात्रता एवं भूमिका निभाने का दायित्व आदि। अतः अभाविप

ने प्रतिपादन किया कि "छात्र कल का नहीं, आज का नागरिक है"। इस प्रतिपादन को खोज इसलिए कहा जा सकता है, क्योंकि विद्यार्थी नागरिक भूमिका निभाने की स्थिति में पहुँचा हुआ था। परिषद् ने मात्र उस स्थिति को समझा, पहचाना और अभिव्यक्त किया। अभाविप के उपर्युक्त प्रतिपादन ने विद्यार्थी वर्ग की भूमिका को असीमित कर दिया। विद्यार्थी परिषद् की मान्यतानुसार अब विद्यार्थी देश-समाज के सभी प्रश्नों व समस्याओं को हल करने का अधिकारी था।

विद्यार्थी परिषद् की यह मान्यता शीघ्र ही व्यवहार में प्रकट हुई। 1973 के अंत में गुजरात में नवनिर्माण आंदोलन प्रारंभ हुआ। एक इंजीनियरिंग कॉलेज के छात्रावास में की गई भोजन शुल्क वृद्धि के विरुद्ध प्रारंभ हुआ आंदोलन आनन-फानन में महँगाई, भ्रष्टाचार व कुशासन के विरुद्ध प्रदेशव्यापी आंदोलन बन गया, जिसका नेतृत्व विद्यार्थियों ने किया। यह आंदोलन प्रारंभिक दौर में स्वत:स्फूर्त था, परंतु इसे व्यापक, प्रभावी स्वरूप विद्यार्थी परिषद् के प्रयत्नों से मिला। गुजरात के पश्चात् कुछ ही महीनों में फरवरी, मार्च 1974 में बिहार आंदोलन प्रारंभ हो गया। महँगाई, भ्रष्टाचार, कुशासन, बेरोजगारी, कुशिक्षा आदि के विरोध में यह आंदोलन अभाविप के प्रयासों से ही शुरू हुआ। यही आंदोलन आगे चलकर राष्ट्रीय आंदोलन में परिवर्तित हो गया और बाबू जय प्रकाश नारायण के सक्रिय सहभाग व नेतृत्व के कारण 'जयप्रकाश आंदोलन' कहलाया। 1979 से 1985 तक असम में बँगलादेशी घुसपैठ के विरुद्ध चले असम आंदोलन को एक प्रादेशिक दायरे से निकालकर राष्ट्रीय परिप्रेक्ष्य में प्रस्तुत करने का श्रेय भी अभाविप को जाता है।

उपर्युक्त तीनों आंदोलन स्वाधीन भारत के सबसे बडे छात्र आंदोलन थे और तीनों में विद्यार्थी परिषद् की भूमिका महत्त्वपूर्ण रही। विद्यार्थी परिषद् की यह ऐतिहासिक भूमिका स्वर्णिम पृष्ठों में लिखी जाने योग्य है।

अभाविप के 'छात्र आज का नागरिक' प्रतिपादन से पूर्व 'छात्र शक्ति' शब्द का प्रयोग विश्व के सम्मुख किया जा चुका था। प्रथम बार 1966 में अमेरिका में नेशनल स्टूडेंट्स एसोसिएशन ऑफ अमेरिका (एन.एस.ए)

ने इसे एक विशेष रूप में प्रयुक्त किया। उन दिनों विश्व में छात्रों की आंदोलनपरकता चरम पर थी, जो विभिन्न मुद्दों पर विभिन्न रूपों में प्रकट हो रही थी। अमेरिका में छात्रों को लगा कि विश्वविद्यालय प्रशासन में उनका भी सहभाग होना चाहिए। अपनी इस माँग को पूरा कराने के लिए उन्होंने स्वयं को एक शक्ति कहकर प्रस्तुत किया। तत्पश्चात् कभी-कभी छात्र समुदाय की संगठित अवस्था को 'छात्र शक्ति' की संज्ञा दी जाती रही है।

छात्रों द्वारा निभाई गई अथवा निभाई जा सकने वाली व्यापक शैक्षिक, सामाजिक व राष्ट्रीय भूमिकाओं के संबंध में कई प्रतिपादन विश्व के सम्मुख प्रस्तुत किए गए। अमेरिका में 1966 में किए गए प्रतिपादन में विश्वविद्यालय प्रशासन ने छात्रों के सहयोग को वांछनीय ठहराते हुए कहा कि विश्वविद्यालयी शक्ति (अधिकारों) में छात्र शक्ति का भी हिस्सा होना चाहिए। दूसरे एक प्रतिपादन में साम्यवादी चिंतन के आधार पर कहा गया कि 'आज छात्र कल मजदूर' जिसका अभिप्राय था कि मजदूर क्रांति की जमीन तैयार करने में छात्र आंदोलन सहायक सिद्ध हो सकता है, इसलिए कहा गया कि आज छात्र प्रारंभ करेगा और कल मजदूर क्रांति लाएगा। एक अन्य प्रतिपादन भी साम्यवादी चिंतन के आधार पर किया गया। उसमें मजदूरों की क्रांति करने की क्षमता पर संदेह व्यक्त करते हुए कहा गया कि अब विद्यार्थी ही क्रांति करनेवाला वर्ग बनेगा। भारत में हुए बिहार आंदोलन के दौरान बाबू जयप्रकाश नारायण ने भी कुछ इसी प्रकार की बात कही थी।

एक प्रतिपादन विद्यार्थी परिषद् ने किया। परिषद् ने उद्घोष किया— 'छात्र शक्ति-राष्ट्र शक्ति'। छात्र की नागरिक भूमिका पहचानने के पश्चात् परिषद् ने यह भी पहचाना कि छात्रों की संगठित शक्ति किसी देश, समाज अथवा राष्ट्र के जीवन को समृद्ध बनाने में एक मूल्यवान् उर्जा साबित हो सकती है। अत: उसने कहा कि छात्र शक्ति राष्ट्र की शक्ति बन सकती है।

'छात्र आज का नागरिक' की भाँति परिषद् का यह प्रतिपादन भी गंभीर चिंतन के बाद प्रस्तुत किया गया। जैसे कि इस लेख के प्रारंभ में कहा गया है कि किसी राष्ट्र अथवा समाज को प्रभावी दिशा देने का कार्य कुछ व्यक्ति,

संस्थाएँ अथवा व्यक्ति समूह ही किया करते हैं। वैसे तो समाज की दिन-प्रतिदिन की गतिविधियाँ किसी-न-किसी प्रकार से चलती ही रहती हैं, परंतु अलग-अलग समय और परिस्थितियों में कोई-न-कोई व्यक्ति, संस्था अथवा व्यक्तिसमूह उसकी गति को गुणात्मक एवं निर्णायक रूप से प्रभावित करते हैं। विद्यार्थी परिषद् ने अपने अनुभव, अध्ययन और चिंतन से यह निष्कर्ष निकाला है कि व्यक्ति समूह अथवा समाज के एक विशिष्ट वर्ग के नाते विद्यार्थियों ने समय-समय पर समाजों और राष्ट्रों की दिशा को प्रभावित किया है और आगे भी कर सकते हैं। विद्यार्थियों की यह भूमिका वास्तव में वही है, जिसकी अपेक्षा सदा से समाज शास्त्री युवाओं से करते रहे हैं।

यहाँ यह उल्लेख करना आवश्यक हो जाता है कि विद्यार्थी परिषद् द्वारा किए गए दो प्रतिपादन 'छात्र आज का नागरिक है' एवं 'छात्र शक्ति-राष्ट्र शक्ति' सर्वथा अलग-अलग नहीं हैं। दोनों की मूल आत्मा समान है, परंतु दूसरा प्रतिपादन पहले से अधिक सारगर्भित है। पहला प्रतिपादन एक प्रकार की निषेधात्मक अभिव्यक्ति है, जबकि दूसरा शुद्ध सकारात्मक संकल्पना है। पहले का जन्म विद्यार्थी को आने वाले कल का नागरिक कहे जाने को नकारने के लिए हुआ, जबकि दूसरे के माध्यम से समाज के एक तरुण, युवा एवं सहज संगठनशील वर्ग की संभावित क्षमता को उजागर किया गया है; पहली भूमिका में विद्यार्थी की आंदोलनपरकता पर बल दिया गया है, जबकि दूसरी में उसकी रचनात्मकता को रेखांकित करने का प्रयास हुआ है। दोनों प्रतिपादनो की विस्तृत मीमांसा यहाँ उपयुक्त होगी।

'छात्र आज का नागरिक' प्रतिपादन करते समय परिषद् ने कहा था कि युवा की भाँति छात्र में आदर्शवादिता होने से उसमें निहित स्वार्थ से ऊपर उठने की मानसिकता होती है, शारीरिक रूप से वह किसी कार्य को करने के लिए सर्वथा सक्षम होता है और किसी उद्देश्य के लिए बड़े से बड़ा जोखिम उठाने को भी वह तैयार हो जाता है। परिषद् ने यह भी कहा था कि युवावर्ग का अंग होने के नाते छात्र भी स्वभाव से विद्रोही होता है और इसलिए उपर्युक्त सभी विशेषताओं के आधार पर समाज में होने वाले गलत कार्यों अन्याय अथवा

अत्याचार का विरोध वह प्रभावी ढंग से कर सकता है। इसी कारण परिषद् ने विद्यार्थी शक्ति को एक सामाजिक दंडशक्ति करार दिया। ऐसी दंडशक्ति, जो समाज में प्रभावी गलत प्रवृत्ति एवं यथास्थितिवाद पर अंकुश लगा सकती है तथा उन्हें जड़-मूल से उखाड़ने के लिए उनके विरुद्ध संघर्ष भी कर सकती है किसी समाज के जीवन में कुछ अवांछनीय एवं समाजविरोधी शक्तियाँ भी प्राय: पाई ही जाती हैं। समाज की यह भी आवश्यकता रहती है कि उनका प्रभावी निषेध हो और उनसे संघर्ष भी किया जाए। परिषद् ने कहा कि देश-विदेश में कई अवसरों पर निषेध व संघर्ष की यह भूमिका विद्यार्थियों ने निभाई भी है और इसे निभाना उनका दायित्व बनता है। इस भूमिका को विद्यार्थी परिषद् ने छात्रों की परिवर्तनकारी भूमिका भी कहा और ऐसी सारी भूमिका को ध्यान में रखकर ही परिषद् ने छात्रों को आज का नागरिक घोषित किया था। उपर्युक्त भूमिका का प्रतिपादन अभाविप ने 1971 में किया। भारत के गुजरात व बिहार आंदोलन तो उसके तत्पश्चात् ही हुए। उस समय 20वीं शताब्दी का आठवाँ दशक चल रहा था। दशक के अंत में ही असम आंदोलन भी प्रारंभ हो गया। फिर उसके बाद केंद्र सरकार द्वारा बोफोर्स तोप सौदे में दलाली खाए जाने, कश्मीर में छाए आतंकवाद तथा राजनीतिक भ्रष्टाचार व अपराधीकरण जैसे मुद्दों पर कुछ आंदोलन हुए। विश्व के अन्य भागों में सातवें दशक के पश्चात् भी कई आंदोलन हुए। चीन में प्रजातंत्र की स्थापना के लिए राजधानी पेइचिंग में जून 1989 में थ्याननमेन चौक में छात्रों ने अभूतपूर्व प्रदर्शन किया और अनेक छात्रों ने अपनी जानें गँवाई। गत 4-5 वर्षों में भारत के पड़ोसी देशों में भी विभिन्न मुद्दों पर छात्र आंदोलन हुए तथा अभी इंडोनेशिया में एक बार फिर छात्रों ने राष्ट्रपति को गद्दी से उतार डाला।

1971 के पश्चात् अभाविप के क्रियाकलापों में उपर्युक्त प्रतिपादन अभिव्यक्त होता रहा, किंतु मात्र निषेधात्मक एवं आंदोलनात्मक कार्य अभाविप को कभी अभिप्रेत नही था। उसका जन्म तो निर्माण कार्य हेतु हुआ था। अपनी स्थापना के समय से ही परिषद् ने रचनात्मक गतिविधियों को प्रमुखता दी थी। अपनी तीन सैद्धांतिक मान्यताओं में अभाविप ने अपने संपूर्ण

कार्य को रचनात्मक कार्य माना था। अपने सभी क्रियाकलापों में रचनात्मक दृष्टिकोण को उसने सदा ही महत्त्व दिया था। परिषद् का सदा यह प्रयास रहा कि छात्रों की शक्ति का देश को सकारात्मक लाभ मिले। इसलिए जैसे-जैसे परिषद् का कार्य आगे बढ़ा, वैसे-वैसे उसकी रचनात्मक गतिविधियों में भी वृद्धि हुई। आज संपूर्ण देश में अभाविप की ऐसी अनेकानेक गतिविधियाँ चलती हैं।

राष्ट्र-निर्माण के व्यापक कार्य में छात्रों की शक्ति का रचनात्मक योगदान ही अभाविप का लक्ष्य था। तदनुरूप उसके सारे प्रयत्न हुए और गतिविधियों की रचना हुई। उसी लक्ष्य की ओर ही वह अब भी बढ़ रही है। 'छात्र शक्ति- राष्ट्र शक्ति' परिषद् के इन्ही प्रयत्नों, गतिविधियों और लक्ष्य की अभिव्यक्ति है। शायद देश-विदेश के अन्य छात्रों व उनके संगठनों के लिए भी यह विचार दिशादर्शक साबित होगा।

(अभाविप प्रकाशन, 1998)

□

18 वर्षीय मताधिकार : अभाविप द्वारा स्वागत

पिछले दिनों एक संविधान संशोधन के द्वारा 18 वर्षीय मताधिकार की व्यवस्था की गई है। जहाँ एक ओर इस निर्णय का स्वागत हुआ है, वहीं दूसरी ओर इसकी वांछनीयता और उपयोगिता के बारे में प्रश्न खड़े किए गए हैं। क्या अपरिपक्व युवाओं को मताधिकार देना उचित है? अब चूँकि बहुत से विद्यार्थी मतदाता बन जाएँगे, क्या इससे उनकी पढ़ाई की हानि नहीं होगी तथा उन्हें गंदी राजनीति में नहीं खींचा जाएगा? क्या राजनीति अथवा राजनीतिक दलों को अब शिक्षा संस्थाओं में घुसने से रोका जा सकेगा? चूँकि भारत की बहुतांश जनसंख्या निरक्षर है, इसलिए क्या निरक्षर मतदाताओं की पहले से बड़ी संख्या में और अधिक वृद्धि नहीं हो जाएगी? ऐसे कई प्रश्न आज उन लोगों के मन में भी आ रहे हैं, जो विवेकी एवं सद्भावनापूर्ण माने जाते हैं। तो क्या गलत निर्णय किया गया है?

ऐसी सभी शंकाओं एवं प्रश्नों को तर्कयुक्त मानते हुए भी अखिल भारतीय विद्यार्थी परिषद् की धारणा है कि मतदान की आयु घटाने से सही दिशा में एक कदम उठाया गया है। यद्यपि यह सोचना उचित ही है कि राजनीतिज्ञ व राजनीतिक दल लोगों की दुष्प्रवृत्तियों को प्रोत्साहन देते हैं तथा सामाजिक, राजनीतिक वातावरण को दूषित करते हैं, तो भी यह समझना पड़ेगा कि चुनाव, राजनीति व राजनीतिक दल देश के संचालन में महत्त्वपूर्ण

भूमिका निभाते हैं। उनकी इस भूमिका की भर्त्सना करके अथवा अनदेखा करके नकारा नहीं जा सकता। आधुनिक युग में किसी देश के जीवन में सरकार एक महत्त्वपूर्ण संस्था होती है तथा बिना चुनाव के सरकार नहीं बनाई जा सकती। सभी दोषों के बावजूद, प्रजातंत्र ही सरकार बनाने का सबसे अच्छा माध्यम है तथा प्रजातंत्र के लिए चुनाव आवश्यक होता है।

जहाँ चुनाव एवं राजनीति के दोषों को समाप्त करने के लिए अनवरत प्रयासों की आवश्यकता है, वहीं चुनाव प्रक्रिया को मजबूत करने के प्रयत्न भी साथ-साथ होने चाहिए। अभाविप का सुविचारित मत है कि मतदान की आयु घटाने से चुनाव प्रक्रिया को नई शक्ति मिलेगी तथा उसमें सुधार होगा। राजनीति के सड़ाँध भरे वातावरण में इससे ताजी हवा का झोंका आएगा तथा चुनाव प्रक्रिया में आदर्शवाद एवं उद्देश्यपूर्णता का प्रवेश हो सकेगा।

जहाँ तक 18 वर्षीय मताधिकार को सही सिद्ध करने का प्रश्न है, उसके पक्ष में अनेक वजनदार तर्क दिए जा सकते हैं। भारत के बाहर अनेक देशों में पहले से ही इसका प्रावधान है। पश्चिमी एवं समाजवादी दोनों ही खेमों के देशों में, जैसे कि स्वीडन एवं रूस, में इसे स्वीकार किया गया है। भारत में प्रचलित एक प्राचीन श्लोक (लालयेत् पंचवर्षाणि, दशवर्षाणि ताड़येत्, प्राप्तेतु षोडशे वर्षे, पुत्रं मित्र वदाचरेत्) में यह कहा गया है कि पुत्र की सोलह वर्ष की आयु हो जाने पर पिता द्वारा उसे मित्र जैसा व्यवहार दिया जाना चाहिए। मित्रता दो समान स्तर के व्यक्तियों में होती है और मित्रों में कोई दूसरे से बड़ा नहीं होता। इसे लोकोक्ति के अनुसार तो सोलह वर्ष में ही व्यक्ति की परिपक्वता प्रारंभ हो जाती है। जब हम देश के कानून पर नजर डालते हैं तो पाते हैं कि 18 वर्षीय युवा को बालिग माना गया है तथा उसे इस बात के लिए योग्य माना गया है कि वह कानूनी अनुबंध कर सके तथा अपना निर्णय स्वयं ले सके। वह अपने बड़ों के कानूनी संरक्षण से मुक्त हो जाता है। एक 18 वर्षीय लड़की, अपने जीवन का महत्त्वपूर्ण, संभवत: सबसे बड़ा निर्णय-जीवनसाथी चुनने का निर्णय-स्वयं कर सकती है। अत: कानूनी मान्यता के अनुसार भी 18 वर्षीय व्यक्ति परिपक्व होता है। इससे ऊपर उठकर यदि हम

संसार के हाल ही के इतिहास का अध्ययन करें तो पाते हैं कि प्रजातंत्र एवं मतदान से चुनी गई सरकार किसी समाज के संचालन के नए माध्यम बनकर उभरे हैं। और प्रजातंत्र के लिए अधिकतम सहभाग आवश्यक होता है। फिर, संचार के क्षेत्र में क्रांतिकारी उपलब्धियाँ हुई हैं। साक्षरता की दर में वृद्धि हुई है तथा आज रेडियो, दूरदर्शन, समाचार-पत्र व प्रकाशित सामग्री के कारण सामान्यजन के लिए समाज एवं विश्व के संबंध में अधिक ज्ञान व जानकारियाँ प्राप्त करना सरल हो गया है। इन सुविधाओं के कारण एक युवा व्यक्ति अपेक्षाकृत जल्दी ही सामाजिक व राजनीतिक मामलों में पूर्ण सहभागी बनने की स्थिति में आ जाता है।

परंतु और भी अधिक वजनदार तर्क 18 वर्षीय मताधिकार के पक्ष में दिखाई देते हैं। नए मतदाताओं का एक बड़ा वर्ग विद्यार्थियों में से आएगा तथा सामाजिक-राजनीतिक जीवन में विद्यार्थियों की महत्त्वपूर्ण भूमिका को समझना कठिन नहीं होना चाहिए। संपूर्ण विश्व में छात्रों ने विभिन्न देशों में स्वस्थ एवं वांछित परिवर्तन लाने में महत्त्वपूर्ण भूमिकाएँ निभाई हैं तथा वे सरकारों के दुष्कृत्यों को उजागर करने, भ्रष्ट एवं तानाशाही सरकारों को उखाड़ फेंकने तथा सरकारों को जनहित समर्थक निर्णय लेने के लिए बाध्य करने में सफल हुए हैं। अभाविप का स्पष्ट मत है कि छात्र आज के नागरिक हैं तथा वे सामाजिक अंकुश तथा समाजहित रक्षक की भूमिका निभा सकते हैं। युवा होने के कारण, उनमें भरपूर शक्ति होती है, खतरा उठाने की मानसिकता होती है तथा निहित स्वार्थों से ऊपर उठकर व्यवहार करने की सिद्धता होती है। उनके मस्तिष्क में आदर्शवाद व मूल्य प्रतिबद्धता का सर्वोच्च स्थान होता है। परिसरों में वे प्रतिदिन साथ आते हैं तथा सामाजिक, राजनीतिक परिवर्तन हेतु एक संगठन शक्ति बनने की क्षमता रखते हैं। चुनाव प्रक्रिया में युवा व आदर्शवादी छात्रों के सहभाग से भ्रष्ट एवं मूल्यहीन राजनीति निष्प्रभावी हो जाएगी।

अतः जिस भी दृष्टिकोण से देखा जाए, हम इसी निष्कर्ष पर पहुँचते हैं कि मतदान की आयु घटाना एक स्वागतयोग्य कदम है। राजनीतिक दलों की

अवांछनीय गतिविधियों द्वारा शैक्षणिक वातावरण को दूषित करने के विषय में आवश्यक विधि निषेध तथा आचार संहिता बनाई जा सकती है। अभाविप इस संबध में नेतृत्व करने की क्षमता रखती है। इस तर्क में कोई वजन नहीं है कि अधिक निरक्षर अब मतदाता बन जाएँगे। समाज में बढ़ती हुई साक्षरता दर से युवा साक्षरों का अनुपात और तेजी से बढ़ता है। इससे भी अधिक, भारत के संदर्भ में साक्षर व निरक्षर मतदाता के बीच अंतर करना निरर्थक ही है, हालाँकि कई बार यह भी कहा जाता है कि शिक्षित व साक्षर मतदाता की अपेक्षा निरक्षर मतदाता अधिक परिपक्वता दिखाता है।

(भारत में 18 वर्षीय मताधिकार दिए जाने के अवसर पर लिखित)

□

विद्यार्थी संगठन एवं छात्रसंघ

समाज की शिक्षा व्यवस्था के दो उद्‌देश्य होते हैं—पहला, साक्षरता बढ़ाना, उपलब्ध सूचनाओं और ज्ञान को नई पीढ़ी तक विस्तारित करना तथा शोध कार्यों द्वारा नए अन्वेषण करना एवं दूसरा, अपने युवा सदस्यों के व्यक्तित्व का विकास करना, उनकी क्षमताओं को बढ़ाना, उनके चरित्र का निर्माण एवं उन्हें एक अच्छा नागरिक और मनुष्य बनाना।

शिक्षा-क्षेत्र के प्रशासकों, शिक्षकों एवं विद्यार्थियों के मध्य स्वस्थ संवाद एवं सहयोग के द्वारा ये उद्‌देश्य प्राप्त किए जा सकते हैं। यह कहने की आवश्यकता नहीं है कि विद्यार्थी शिक्षा व्यवस्था की धुरी होते हैं और उनके लिए ही इस व्यवस्था का निर्माण किया जाता है। यह स्वीकार करना कठिन नहीं है कि इस व्यवस्था की सफलता का सबसे महत्त्वपूर्ण पक्ष है इसमें विद्यार्थी की रुचि एवं सहभागिता, परंतु सामान्यत: विद्यार्थी स्वयं को इस समूची प्रक्रिया से बाहर अंतिम सिरे पर खड़ा पाता है। ऐसे में इस व्यवस्था के प्रति विद्यार्थी का विश्वास एवं स्वस्थ प्रतिक्रिया प्राप्त करने के लिए प्रशासकों व शिक्षकों की ओर से समुचित सावधानी एवं प्रयत्न आवश्यक हो जाते हैं। यह सावधानी तब और आवश्यक हो जाती है जब विद्यार्थी महाविद्यालय अथवा विश्वविद्यालय में पढ़ने वाला अर्थात् वयस्क हो और युवा वर्ग में शामिल हो। स्वाभाविक ही युवाओं एवं वयस्कों के साथ बच्चों से पृथक् व्यवहार अपेक्षित होता है।

उपर्युक्त पार्श्वभूमि में विद्यार्थी संगठनों एवं छात्रसंघों की भूमिका,

उपयोगिता एवं महत्त्व को स्वीकार किया जाना चाहिए। कोई शिक्षा व्यवस्था अथवा संस्थान संगठनों अथवा छात्रसंघों को छात्रों के प्रतिनिधि के रूप में अथवा छात्र समुदाय को सीधे रूप में यथेष्ट अवसर प्रदान कर लाभ उठा सकता है। समाज के विभिन्न सदस्यों एवं वर्गों के बीच कोई अंत:क्रिया संवाद अथवा सहयोग प्रत्यक्ष हो सकने की तुलना में उनके प्रतिनिधियों तथा संगठनों के माध्यम से अधिक बेहतर ढंग से स्थापित हो सकते हैं।

विद्यार्थी संगठनों एवं छात्रसंघों के संबंध में अकसर एक टिप्पणी सुनी जाती है कि वे राजनैतिक दलों के प्रतिनिधियों के रूप में काम करते हैं एवं शिक्षण संस्थानों के लिए लाभकारी तत्त्व से अधिक बाधा बनते हैं। इस प्रकार की टिप्पणी सामूहिक कार्य संपादन एवं सहजीवन की महत्ता की समझ कम होने एवं दोषदर्शन की प्रवृत्ति का सूचक है। निस्संदेह, अनेक विद्यार्थी संगठन राजनैतिक दलों के अंश के रूप में कार्य करते हैं, अनेक छात्रनेता किसी-न-किसी विचार से जुड़े होते हैं और अनेक बार ये संगठन और नेता गैर-जिम्मेदार व्यवहार भी करते हैं। लेकिन क्या इसका अर्थ है कि बिना संगठनों और छात्रसंघों के बेहतर परिणाम प्राप्त किए जा सकते हैं? क्या ये दोषदर्शक रोगी का उपचार उसकी हत्या के रूप में नहीं सुझा रहे हैं?

दोषदर्शी, रोमानी एवं दुराग्रही विचारक की दृष्टि में उपर्युक्त प्रकार का सरलीकरण हो सकता है, परंतु सामाजिक गतिशीलता को समझने और उसके अनुरूप सार्थक कार्ययोजना बनाने के लिए व्यक्ति से अधिक सावधान और धैर्यवान होना अपेक्षित है।

सर्वप्रथम हमें यह स्पष्ट होना चाहिए कि हम किस प्रकार की समाज रचना में रहना चाहते हैं? जनतांत्रिक अथवा सर्वसत्तावादी। यहाँ पुन: दोषदर्शी लोग जनतंत्र के दोषों को गिना सकते हैं तथा इतिहास में ढूँढ़कर सर्वसत्तावादी व्यवस्थाओं के शीर्ष पर हुए परोपकारी राजाओं एवं जन हितैषी तानाशाहों के उदाहरण प्रस्तुत कर सकते हैं।

परंतु वर्तमान की बात करें तो अपनी कमजोरियों और अन्य समस्याओं के बावजूद जनतंत्र सामूहिक जीवन का सर्वश्रेष्ठ अथवा न्यूनतम हानिकर

स्वरूप है। यह आवेगों को आत्मसात् करने, अतिवादिता का शमन करने, अंतर्विरोधों को हल करने एवं सहजीवन के लिए संभव सर्वोत्तम व्यवस्था प्रस्तुत करने में सक्षम है।

लोकतंत्र एक कला है, मनोदशा है, जीवन-पद्धति तथा एक व्यवस्था है जो समाज को किसी एक व्यक्ति की सनक, रुचि और दृष्टिकोण का शिकार होने से बचाती है। यह व्यक्ति को सामाजिक जीवन के व्यापक संदर्भ में सोचने एवं व्यवहार करने के लिए प्रेरित एवं विवश करती है। लोकतंत्र का त्याग 'cure worse than the disease' है। इसे त्यागने के स्थान पर इसके नकारात्मक पहलुओं से बचाए जाने की आवश्यकता है। लोकतंत्र इसी से परिपक्व होता है। पश्चिमी जगत् के परिपक्व लोकतंत्रों ने वर्तमान अवस्था तक पहुँचने में लंबा समय लिया है।

जब हम लोकतांत्रिक व्यवस्था में रहना चाहते हैं तो स्वयंसेवी एवं गैर-सरकारी सामाजिक संगठनों के महत्त्व को अनदेखा नहीं कर सकते। इस प्रकार के संगठन वह आधार-भूमि तैयार करते हैं, जिस पर लोकतांत्रिक समाज का ढाँचा खड़ा होता है। संविधान और कानून, उनके अंतर्गत निर्मित संस्थापनाएँ, मताधिकार, निर्वाचित निकाय, आदि सरकार के न्यूनतम अंग हैं। वे केवल एक शरीर की भाँति काम करते हैं, परंतु इस शरीर को जीवन राजनैतिक व अन्य समूहों एवं संगठनों—जो समाज में विवेक शक्ति एवं प्रहरी की भूमिका निभाते हैं—के द्वारा मिलता है।

जब कोई संगठनों के महत्त्व की बात करता है तो वह अवांछित, गैर-जिम्मेदार एवं विध्वंसक संगठनों को नजरअंदाज नहीं कर सकता। ऐसे संगठन समाज में बहुधा पाए जाते हैं किंतु समाज उनसे निपटने के मार्ग ढूँढ़ निकालता है। या तो कानून के द्वारा उन पर नजर रखी जाती है अथवा वांछित, उत्तरदायी एवं रचनात्मक संगठनों द्वारा।

व्यापक समाज में जो महत्त्व संगठनों का होता है शिक्षा-क्षेत्र में वही महत्त्व विद्यार्थी संगठनों का है। वे छात्रों को नेतृत्व प्रदान करते हैं, उनकी अभिलाषाओं को अभिव्यक्त करते हैं, उनके हितों का ध्यान रखते हैं तथा

उनके न्यायसंगत अधिकारों के लिए संघर्ष करते हैं और एक विवेकपूर्ण सामाजिक संगठन के नाते उन्हें उनके कर्तव्यों का भी स्मरण कराते हैं।

छात्र संगठन बहुधा उनकी राजनैतिक संबद्धता के कारण आलोचना के पात्र बनते हैं। अखिल भारतीय विद्यार्थी परिषद् (अभाविप) ने स्वयं को विचारपूर्वक दलगत राजनीति से अलग रखा है परंतु इसमें अन्य संगठनों की क्षुद्रता सिद्ध करने का भाव नहीं है। समाज में राजनीति और राजनैतिक दल होना न तो गलत है और न ही अवांछनीय। इसके विपरीत लोकतांत्रिक समाज में वे आवश्यक उपकरण हैं। यहाँ वास्तविक और अवास्तविक राजनीति के मध्य विवेक रखना होगा। अनेक बार कोई राजनेता अपेक्षित मापदंडों पर खरा नहीं साबित होता तो वह सर्वथा भिन्न स्थिति है।

यह अत्यंत स्वाभाविक है कि कोई राजनीतिक दल समाज के विभिन्न वर्गों से अपने सदस्यों की भरती करे। दल के लिए यह भी स्वाभाविक है कि उसके विभिन्न प्रकोष्ठ हों। यदि कोई दल विद्यार्थियों विशेष कर वे विद्यार्थी, जो मतदाता बन चुके हैं, के बीच भी अगर अपने सदस्य बनाना चाहता है तो यह आपत्तिजनक नहीं हो सकता। जहाँ तक अखिल भारतीय विद्यार्थी परिषद् का प्रश्न है, उसकी आपत्ति राजनेताओं और राजनैतिक दलों को सामाजिक सक्रियता का एकमात्र स्रोत अथवा नियंता मान लिए जाने पर है। विरोध है राजनीति, राजनेताओं एवं राज्य के तंत्र द्वारा प्रत्येक सामाजिक गतिविधि में हस्तक्षेप एवं उसकी सर्वव्यापकता का। अभाविप सामाजिक संगठनों की स्वायत्तता की समर्थक है तथा विश्वास करती है कि लोकतंत्र में विभिन्न स्वतंत्र संगठनों का अस्तित्व है और होना चाहिए।

जहाँ तक छात्रसंघों की बात है, वे युवा नागरिकों को लोकतांत्रिक पद्धति का प्रथम अभ्यास कराने का महत्त्वपूर्ण उद्देश्य पूरा करते हैं। छात्रसंघ के माध्यम से विद्यार्थी सामूहिक निर्णय करने तथा सामूहिक हितों एवं अभिलाषाओं को पूरा करने का पाठ सीखते हैं। छात्र समुदाय की अपेक्षाओं और माँगों को व्यक्त करने तथा उनकी समस्याओं को दूर करने के लिए एक माध्यम के रूप में तथा उनके कल्याण के लिए गतिविधियाँ आयोजित करने

के लिए छात्रसंघ एक मंच बनता है। सुसंगठित एवं प्रेरणायुक्त छात्रसंघ युवा छात्रों की ऊर्जा को सामाजिक एवं राष्ट्रीय महत्त्व के कार्यों में नियोजन का उपयोगी एवं प्रभावी माध्यम बन सकता है।

छात्रसंघ की प्रामाणिक भूमिका का सबसे उज्ज्वल उदाहरण पटना विश्वविद्यालय छात्रसंघ का है, जिसने ऐतिहासिक बिहार आंदोलन, जिसे बाद में 'जे.पी. आंदोलन' कहा गया, की 1970 के दशक के मध्य में पहल की थी। इससे कुछ कम प्रभाव छोड़ने वाले, किंतु महत्त्वपूर्ण अनेक उदाहरण देना कठिन नहीं है।

यदि विद्यार्थी संगठनों और छात्रसंघों को अलग रखा गया तो शैक्षिक ढाँचा अधूरा रहेगा एवं अपने उद्देश्य पूर्ण करने में असफल सिद्ध होगा।

(सन् 2000 के आसपास लिखा गया लेख)

□

भारतीय छात्र आंदोलन : समस्या और समाधान

स्वाधीन भारत के इतिहास में छात्र आंदोलन की प्रथम सर्वाधिक प्रभावी अभिव्यक्ति सन् 1973-74 में गुजरात में हुई थी जब नवनिर्माण आंदोलन के परिणामस्वरूप तत्कालीन राज्य सरकार को त्यागपत्र देना पड़ा और विधानसभा के नए चुनाव हुए। आंदोलन की दूसरी प्रभावी व व्यापक अभिव्यक्ति अगले ही वर्ष हुई जब गुजरात आंदोलन के साथ-साथ छात्रों के प्रयत्नो से बिहार में आंदोलन प्रारंभ हुआ। बिहार आंदोलन कालक्रम में अखिल भारतीय आंदोलन बना व जयप्रकाश नारायण के नेतृत्व के कारण जयप्रकाश आंदोलन कहलाया। उसकी परिणिति 1975 में देश में आपातकाल लागू होने व तत्पश्चात् 1977 में हुए लोकसभा चुनाव में कांग्रेस की पराजय व इंदिरा गांधी व उनके चहेते पुत्र संजय गांधी की निजी चुनावी हार के रूप में हुई। शीघ्र ही छात्र आंदोलन की तीसरी व सर्वाधिक गौरवमयी व दीर्घजीवी अभिव्यक्ति असम में बँगलादेशी घुसपैठ के विरुद्ध हुई। भारतीय छात्र आंदोलन की वह अभिव्यक्ति स्वर्णाक्षरों में लिखी जाने योग्य है। घुसपैठ रोकने के संबंध में केंद्र सरकार द्वारा दिखाई गई उदासीनता व हठधर्मिता के विरुद्ध 6 वर्षों तक छात्र आंदोलनरत रहे और अंतत: 1985 में सरकार को झुकना पड़ा।

छात्र आंदोलन के अधिक विश्लेषण से पूर्व आंदोलन का अर्थ समझना ठीक होगा। ऊपर वर्णित तीनों आंदोलन 'विरोधात्मक' एवं 'एजीटेशन' (अंग्रेजी शब्द) स्वरूप के थे। पर आंदोलन ऐसी ही प्रकार का हो यह आवश्यक

नहीं। अंग्रेजी शब्द 'मूवमेंट' का अनुवाद भी आंदोलन होता है। आंदोलन अर्थात् सशक्त अभिव्यक्ति। आंदोलन एजीटेशन, विचार प्रगटीकरण अथवा ठोस उपलब्धि आदि किसी भी रूप में हो सकता है। आंदोलन एक निरंतर प्रक्रिया होती है, जो टुकड़ों में बँटी हुई अथवा अबाध, दोनों प्रकार की हो सकती है। आंदोलन नकारात्मक अथवा सकारात्मक दोनों स्वरूपों में हो सकता है। आंदोलन की मूल आत्मा होती है प्रभावी एवं निरंतर गतिविधि अथवा प्रक्रिया।

असम आंदोलन के पश्चात् भी भारत में विविध प्रकार से छात्र आंदोलन की अभिव्यक्ति होती रही है। परंतु एक भ्रम भी इस बीच निर्माण हुआ है कि नवनिर्माण आंदोलन, जयप्रकाश आंदोलन अथवा असम आंदोलन जैसा प्रभावी छात्र आंदोलन भारत में अब मर गया है। क्या यह धारणा सही है? कदापि नहीं। नई परिस्थितियों में व नए रूपों में भारत का छात्र आंदोलन पूर्णतः जीवित है। फिर भी उपर्युक्त धारणा के बनने का विश्लेषण होना चाहिए। विश्लेषण बताता है कि विरोधात्मक स्वरूप के एजीटेशन को ही आंदोलन मान लेने के कारण यह भ्रम निर्माण हुआ। चूंकि भारत भ्रष्टाचार, बेरोजगारी, राजनीतिक अवसरवादिता आदि अनेक व्याधियों से आज भी ग्रस्त है और उनके विरोध में बड़े अथवा परिणामकारी एजीटेशन नहीं हुए, इसलिए उपर्युक्त धारणा बनी है। परंतु आंदोलन की इस सीमित परिभाषा को भी स्वीकार कर लें तो गहन विश्लेषण के लिए आंदोलन की प्रकृति व छात्र आंदोलन की सीमाओं को समझना चाहिए। विश्लेषण यह बताता है कि मुख्यतः सामाजिक परिस्थितियाँ ही आंदोलन को जन्म देती हैं अथवा उसके अभाव के लिए जिम्मेदार होती हैं। प्रकृति से कोई भी आंदोलन अधिकतर स्वयंस्फूर्त होता है और ऐसा आंदोलन कभी-कभी ही होता है। किसी के चाहने से आंदोलन खड़ा होना सरल नहीं होता। फिर भी योजना बनाकर आंदोलन निर्माण करना असंभव भी नहीं होता। योग्य व्यक्तिगत अथवा संगठनात्मक प्रयासों से आंदोलन खड़ा किया जा सकता है।

यहीं अखिल भारतीय विद्यार्थी परिषद् के चिंतन को समझना ठीक रहेगा। स्वयंस्फूर्त अथवा किसी के व्यक्तिगत प्रयत्नों द्वारा निर्मित आंदोलन के

अतिरिक्त संगठन के नेतृत्व में किए जाने वाले आंदोलन की स्थायी संभावना को अभाविप ने पहचाना और तदनुरूप छात्र आंदोलन के इस पहलू को उजागर किया। अभाविप ने अपने अध्ययन और अनुभव के आधार पर कहा कि आज के नागरिक के रूप में विविध मुद्दों पर वांछनीय आंदोलन खड़ा करना छात्रों का दायित्व बनता है। गत अनेक वर्षों में भारत के छात्र आंदोलन में इस दायित्व को अभाविप ने बखूबी निभाया है।

छात्र आंदोलन के संदर्भ में 'समस्या' का विचार करें तो छात्र आंदोलन संबंधी धारणा कि छात्र आंदोलन प्रभावी नहीं रहा अथवा मर गया है, का विश्लेषण भी उसमें सम्मिलित हो जाता है। समस्या अर्थात् छात्र आंदोलन की कठिनाई अथवा अभाव। 2-3 कारण छात्र आंदोलन के मार्ग में बाधा बनते हैं—

(1) आंदोलन प्राय: महाविद्यालयीन विद्यार्थी ही कर सकते हैं और व्यक्ति के जीवन में महाविद्यालयी विद्यार्थी काल बहुत छोटा होता है।

(2) महाविद्यालयी विद्यार्थी समुदाय प्रकृति से परिवर्तनशील होता है अर्थात् समुदाय के घटक (विद्यार्थी) बदलते रहते हैं। पारवर्तनशीलता के कारण समुदाय के लिए कोई मुद्दा हाथ में लेने और आंदोलन निर्माण करने पर एक मर्यादा लागू हो जाती है।

(3) परिस्थिति की माँग के बावजूद सक्षम व्यक्तिगत नेतृत्व के अभाव में छात्र आंदोलन खड़ा नहीं हो पाता।

तो समस्या का 'समाधान' क्या है ? प्रथम समाधान वही है, जिसे अभाविप ने रेखांकित किया है अर्थात् छात्र संगठन के प्रयत्नों से त्वरित अथवा योजनाबद्ध छात्र आंदोलन। गत ढाई दशकों का भारतीय छात्र आंदोलन का इतिहास अभाविप के ऐसे अनेक यशस्वी प्रयासों का गवाह है।

कुछ उदाहरणों को देखें। 1986-87 में बोफोर्स तोप सौदे में केंद्रीय सत्ताधीशों द्वारा खाई गई दलाली के विरुद्ध हुए देशव्यापी आंदोलन में छात्रों ने सक्रिय भूमिका निभाई। हाल ही में असम में एक बार पुन: घुसपैठ के विरुद्ध छात्रों ने प्रभावी आंदोलन किया तो शिक्षा के व्यापारीकरण के विरुद्ध छात्रों के

नेतृत्व में कर्नाटक में पूरा प्रदेश लामबंद हो गया। कर्नाटक में ही अभाविप के खाते में 1992 में उच्च न्यायालय की मदद से कैपीटेशन फी वाले 17 फर्जी महाविद्यालयों को बंद कराने, कोजैंट्रिक्स विद्युत् योजना को रद्द कराने, 1996 में विश्वसुंदरी प्रतियोगिता को स्थगित कराने जैसी कई उपलब्धियाँ दर्ज हैं। महाराष्ट्र में विविध आंदोलनों के परिणामस्वरूप एक चिकित्सा महाविद्यालय में 80 के दशक के मध्य में राज्यपाल कोणाप्रभाकर राव की पुत्री के नियमविरुद्ध प्रवेश के कारण एक साथ राज्यपाल, प्रदेश शिक्षामंत्री व विश्वविद्यालय के उपकुलपति को पदों से हाथ धोना पड़ा, 1993 में नागपुर विश्वविद्यालय के उपकुलपति श्री भंडारकर को अनियमितताओं के कारण पद छोड़ना पड़ा, मराठवाड़ा विश्वविद्यालय को भीमराव अंबेडकर नाम दिलाने में अभाविप को सफलता मिली और हाल ही में कई महाविद्यालयों द्वारा विद्यार्थियों से बटोरी गई अनावश्यक फीस के लाखों रुपए विद्यार्थियों को लौटाने पड़े।

आंध्र की बात करें तो उच्च न्यायालय की मदद से सन् 2000 में अभाविप ने पिछड़े वर्गों के छात्रों को छात्रवृत्ति दिलाने में सफलता पाई तो हाल ही में शिक्षा संस्थानों में प्रवेश में अल्पसंख्यक आरक्षण लागू किए जाने को रद्द कराया। जम्मू-कश्मीर में राज्य सरकार की मिलीभगत से एक चिकित्सा महाविद्यालय में हुए फर्जी दाखिले आंदोलन के कारण रद्द हुए तो अलग उत्तरांचल राज्य की स्थापना के आंदोलन का नेतृत्व छात्रों ने किया। उदाहरण अभी और भी हैं।

समस्या का 'समाधान' एक और भी है। छोटे अथवा बड़े मुद्दों पर प्रबुद्ध छात्र नेतृत्व अथवा छात्रसंघों द्वारा छात्र आंदोलन की निर्मिति।

छात्र आंदोलन का संपूर्ण अर्थ में आकलन करें तो अकेले अभाविप के कारण ही भारत का छात्र आंदोलन न केवल जीवित दिखाई देता है, अपितु वह प्रभावी भी है। परिणामदायक आंदोलनों के अतिरिक्त अभूतपूर्व छात्र रैलियों के माध्यम से शैक्षिक, आर्थिक, राष्ट्रीय व सामाजिक मुद्दों पर सरकार व समाज का ध्यान केंद्रित करना यदि इस आंदोलन का एक पक्ष रहा है, तो वर्षानुवर्ष सारे देश में हजारों विद्यार्थियों के माध्यम से छोटे-बड़े अनेकविध रचनात्मक

गतिविधियाँ और प्रकल्प आयोजित करना उस आंदोलन का दूसरा पक्ष रहा है। आज छात्रशक्ति-राष्ट्रशक्ति का मूर्त रूप संपूर्ण देश में अभाविप ने प्रस्तुत किया है।

छात्र आंदोलन की उपलब्धियाँ अभाविप के दायरे के बाहर भी हुई हैं। इन सारी उपलब्धियों के बावजूद यदि तर्क के लिए यह मान भी लें कि भारत का विद्यार्थी आंदोलन कमजोर हो गया है तो यह उन सबके लिए चुनौती है, जो छात्र आंदोलन को सामाजिक प्रगति का सशक्त उपकरण मानते हैं। वास्तव में तो छात्र आंदोलन एक विशेष प्रकार से सामाजिक प्रगति का सर्वाधिक सशक्त उपकरण सिद्ध हो सकता है।

यहाँ राष्ट्रीय अथवा सामाजिक जीवन की गुणवत्ता में छात्र समुदाय के योगदान की अधिकतम मात्रा क्या हो सकती है, इसे जान लेना अच्छा होगा। छात्र समुदाय के द्वारा अपेक्षाकृत दीर्घजीवी अथवा स्थायी सामाजिक कार्यों का संचालन संभव नहीं होता। समाजहित के मुद्दों को प्रभावी ढंग से उजागर करना अथवा यदा-कदा एजीटेशन अथवा अन्य मार्गों से समाजहित की कुछ उपलब्धियाँ करना इतना ही छात्र कर सकते हैं। यदि छात्र समुदाय समाजहित के सभी महत्त्वपूर्ण मुद्दे उठाता रहे तो उसी से वह सामाजिक प्रगति का सर्वाधिक सशक्त उपकरण बन जाता है।

निष्कर्ष के रूप में छात्र समुदाय की प्रकृति के विश्लेषण के आधार पर इतना कहना तर्कसंगत होगा कि छात्रों की आंदोलन क्षमता एक जीवित तत्त्व के रूप में समाज में सदा व्याप्त रहती है, जिसका अर्थ होता है—सामाजिक/ राष्ट्रीय जीवन में छात्र आंदोलन की संभावनाओं का सदा विद्यमान रहना। कब, कैसे, किसके नेतृत्व में छात्र आंदोलन अपना प्रभाव दिखाए, यह उन पर निर्भर करता है, जो छात्र आंदोलन की सार्थकता को समझते हैं।

(वर्ष 2000 के आसपास लिखित)

□

वर्क परमिट से घुसपैठ को बढ़ावा

अखिल भारतीय विद्यार्थी परिषद् बांग्लादेशी घुसपैठियों को वापस भेजने की माँग लगातार उठाती रही है। यह सच है कि 1980-81 में इसके विरोध में हुए आंदोलन अब धीमे पड़ गए हैं। इसका कारण राजनीतिक सहयोग की कमी भी है। उस समय लगभग सभी राजनीतिक पार्टियाँ भी घुसपैठियों के विरोध में थीं, परंतु आज कुछ राजनीतिक दलों ने अपने स्वार्थ (वोट) के लिए चुप्पी साध ली है। आज डेढ़ करोड़ से भी ज्यादा संख्या में बांग्लादेशी हमारे देश में हैं तथा जब-तब हम पर आक्रमण करते रहते हैं, क्योंकि इनका एकमात्र लक्ष्य गुंडागर्दी करके यहाँ अपना अधिकार जमाना है। यदि समय रहते सरकार कोई ठोस निर्णय नहीं लेती तो स्थिति भयावह हो जाएगी और इस पर काबू नहीं पा सकेंगे। सरकार को बांग्लादेश से बात कर घुसपैठ पर रोक के लिए दबाव बनाना चाहिए। 10 साल पूर्व तक तो बांग्लादेश सरकार यह स्वीकार ही नहीं करती रही कि घुसपैठ हुई है। बांग्लादेश अपनी दिक्कतों के कारण घुसपैठियों को वापस बुलाना नहीं चाहता और सरकार भी दवाब नहीं डाल पा रही है। प्रधानमंत्री ने अभी हाल ही में 'वर्क परमिट' देने की बात कही है, उससे घुसपैठ को थोड़ा-बहुत बढ़ावा मिल सकता है। भले नई घुसपैठ पर रोक लग जाए, परंतु जो पहले से यहाँ रह रहे हैं, उन पर क्या काबू पाया जा सकेगा? असली मामला तो इसे जड़ से खत्म करने का है। तत्कालीन प्रधानमंत्री राजीव गांधी और असम सरकार में 1985 में समझौता हुआ था तथा आई.एम.डी.टी. ऐक्ट बना था। कुछ हद तक तो घुसपैठ कम

हुई, लेकिन कुछ खामियों के कारण यह उपाय भी सफल नहीं हो सका। एक बार फिर मानवतावादी दृष्टिकोण के आधार पर वर्क परमिट की बात कही जा रही हैं। बांग्लादेश में रोजी-रोटी की समस्या है तो भारत में ही अमीरी कहाँ है? यहाँ भी ऐसे करोड़ों लोग हैं जिन्हें दो जून की रोटी नसीब नहीं होती। फिर किस आधार पर आप उन्हें यहाँ शरण दे सकते हैं? घुसपैठियों के बल पर राजनीति से असम में कई जिले तथा सीमावर्ती क्षेत्रों में इनका दबदबा हो गया है। शक्ल-सूरत से तो पता लगाना मुश्किल है और ये जैसे-तैसे राशनकार्ड बनवाकर नागरिकता प्राप्त कर लेते हैं। कहीं-कहीं इनकी संख्या इतनी ज्यादा है कि एक तरह से ये दादागिरी भी दिखाते हैं। जब तक सरकार कोई कड़ा निर्णय इनके खिलाफ नहीं लेगी घुसपैठ की समस्या और बढ़ेगी ही।

(दैनिक हिंदुस्तान, दिल्ली में 'घुसपैठ की राजनीति' शीर्षक के अंतर्गत प्रकाशित लेखों में से एक, 14 मई, 2001)

□

नशीली स्मृतियाँ

अभाविप कार्यकर्ता के नाते मेरा कार्यकाल बहुत लंबा रहा। संगठन में मुझे दिल्ली प्रदेश मंत्री का दायित्व उस वर्ष (1967) मिला, जिस वर्ष से उसे अखिल भारतीय संगठन के रूप में विकसित करने का गंभीर प्रयास शुरू हुआ। विद्यार्थी, विद्यार्थी विस्तारक, पूर्णकालिक एवं प्राध्यापक के विभिन्न रूपों में 42 वर्ष के इस कार्यकाल में जहाँ मुझे परिषद् के अनेक ऐतिहासिक अवसरों एवं मील के पत्थरों का साक्षी बनने का सौभाग्य मिला, वहीं अनेक खट्टे-मीठे, रोचक व रोमांचक अनुभव भी प्राप्त हुए।

ऐतिहासिक अवसरों में प्रथम थे गुजरात व बिहार के आंदोलन, जिनकी परिणिति श्री जयप्रकाश नारायण के नेतृत्व में एक राष्ट्रीय आंदोलन के रूप में हुई। भारतीय छात्र आंदोलन के इतिहास का यह स्वर्णिम काल था। संपूर्ण आंदोलन में परिषद् की मुख्य भूमिका थी और परिषद् के सक्रिय कार्यकर्ता और महामंत्री के नाते मेरा भी उससे संबंध रहा। आंदोलन के परिणामस्वरूप देश में 21 मास का आपातकाल लागू किया गया और तानाशाही शासन थोपा गया। तानाशाही का सबसे कठोर दंड था मीसा बंदी बनाया जाना। 19 मास मुझे भी बंदी बनना पड़ा।

कालक्रम में ऐतिहासिक अवसर बने—अभाविप की स्थापना की रजत जयंती व स्वर्ण जयंती। दोनों के भव्य आयोजन क्रमश: 1974-75 और 1998-99 में हुए। मुझे दोनों में सहभागी होने का अवसर मिला।

मील के पत्थरों की चर्चा करूँ तो परिषद् के अनेक प्रथम आयोजनों

में मैं सहभागी बना। वे थे 1968 में मुंबई में हुआ परिषद् का प्रथम अ.भा. अभ्यास वर्ग, 8 सूत्री माँग-पत्र के समर्थन में 1970 में दिल्ली में हुआ प्रथम अ.भा. प्रदर्शन, 1971 के मध्य में देश के विभिन्न नगरों में हुए प्रथम क्षेत्रीय अभ्यास वर्ग, जिनमें मुझे भी रहने का अवसर मिला। श्री यशवंतराव केलकर के निवास पर मुंबई में जनवरी 1972 में हुई प्रथम राष्ट्रीय टीम बैठक व 1982 में आबू में हुई प्रथम विचार बैठक, एक भिन्न प्रकार के मील के पत्थर थे।

1994 में मेरा अमरीका का चार सप्ताह का प्रवास हुआ। अमरीकी सरकार सोच-समझकर कुछ लोगों को अपने देश में प्रवास के लिए आमंत्रित करती है। परिषद् का मैं प्रथम और अब तक का अंतिम पदाधिकारी (राष्ट्रीय अध्यक्ष) था जिसे आमंत्रित किया गया।

परिषद् में मुझे दो सौभाग्य भी प्राप्त हुए। परिषद् के निर्माण में जिन दो व्यक्तियों का सर्वाधिक योगदान रहा, वे थे—स्व. प्राध्यापक यशवंतराव केलकर व श्री मदन दास। दोनों का दीर्घ सान्निध्य प्राप्त होना मेरा प्रथम सौभाग्य था। 1967 से 1987 तक मुझे श्री केलकरजी का साथ मिला, 1970 में श्री मदन दासजी जब राष्ट्रीय संगठन मंत्री बने, तब मैं महामंत्री बना। 4 वर्ष इस प्रकार हमारा साथ रहा। तत्पश्चात् मदनदासजी 18 वर्ष और संगठन मंत्री रहे, जबकि मेरे दायित्व बदलते रहे, पर हमारा साथ सदा बना रहा।

मेरे कुछ रिकॉर्ड भी बने, जिन्हें मैं दूसरा सौभाग्य कहूँगा। मैं परिषद् का महामंत्री बना और राष्ट्रीय अध्यक्ष भी। संभवतः परिषद् के सर्वाधिक अधिवेशनों में सहभागी होनेवाला मैं प्रथम व्यक्ति हूँ। इनमें वामपंथियों के गढ़ कलकत्ता व त्रिवेंद्रम में क्रमशः 1969 व 1970 में होनेवाले अधिवेशन सम्मिलित हैं तो 1971 और 1985 में दिल्ली में आयोजित वे बड़े अधिवेशन भी हैं, जिनकी पूरी तैयारी में मुझे जुटना पड़ा।

परिषद् की स्थापना की रजत जयंती व स्वर्ण जयंती वर्षों के अधिवेशन मुंबई में क्रमशः 1974 व 1998 में हुए। दोनों में मैं सहभागी हुआ। उसी

प्रकार परिषद् का 25वाँ व 50वाँ, दोनों अधिवेशन जयपुर में हुए। मुझे उनमें भी सम्मिलित होने का अवसर मिला। परिषद् के अन्य बड़े अधिवेशनों के अतिरिक्त दो बड़े अधिवेशन 1982 (नागपुर) और 1992 (कानपुर) में हुए। मैं उनमें भी सहभागी बना। 2001 व 2002 में क्रमशः सुदूर पूर्व (गुवाहाटी) व सुदूर दक्षिण (कालीकट) में अधिवेशन हुए। मुझे उनमें भी सम्मिलित होने का सौभाग्य प्राप्त हुआ।

परिषद् के मेरे जीवन का रोमांचक एवं महत्त्वपूर्ण पक्ष रहा दिल्ली विश्वविद्यालय छात्रसंघ चुनाव। जब मैं परिषद् में नया ही था और न चुनावों में मेरी रुचि थी और न ही चुनाव लड़ने-लड़ाने का मेरा कोई अनुभव था, तब देश के इस सर्वाधिक महत्त्वपूर्ण चुनाव में 'अभाविप' प्रत्याशियों के चुनाव-संचालन में मुझे भाग लेना पड़ा। 1968 से 1972 तक अप्रत्यक्ष व बाद में प्रत्यक्ष, ऐसे 30 से अधिक चुनावों के आयोजन में मुझे लगना पड़ा। 1971 से परिषद् की जीत प्रारंभ हुई, 1978 से 1981 तक वह चुनाव से बाहर रही तो 1982 से 1989 तक वह भाजपा के छात्र मोर्चे 'जनता विद्यार्थी मोर्चा' के साथ मिलकर चुनाव लड़ी।

परिषद् के कारण मुझे एक बोधप्रद एवं समाजोपयोगी प्रथा का ज्ञान हुआ। दक्षिण भारत में व्यक्ति की आयु 60 वर्ष की होने पर उसकी षष्टीपूर्ति मनाए जाने की प्रथा प्रचलित है। मुझे इस प्रथा का प्रत्यक्ष अनुभव तब आया जब 1985 में अभाविप द्वारा मुख्यतः महाराष्ट्र में तथा देश में कुछ स्थानों पर प्राध्यापक यशवंतराव केलकर की षष्टीपूर्ति मनाई गई। उसके बाद परिषद् के अन्य कुछ प्रमुख लोगों के लिए भी ऐसे आयोजन हुए।

राष्ट्रीय स्वयंसेवक संघ और अभाविप, दोनों में हमें यह संस्कार मिलता है कि पद और यश की आकांक्षा के बिना सामाजिक कार्य करना चाहिए। उसी संस्कार के चलते किसी व्यक्ति के गुणगान को भी अनुचित माना जाता है। परंतु यदि कोई सामाजिक कार्यकर्ता अनुकरणीय रहा हो और उसकी आयु का बड़ा भाग पूर्ण हो चुका हो तो ऐसे अवसर पर उसका सम्मान होना सर्वथा उपयुक्त सामाजिक क्रिया होती है। इसी सोच के कारण षष्टीपूर्ति

आयोजन मुझे बहुत सुसंगत लगते हैं तथा ऐसे आयोजनों में मैं उत्साहपूर्वक भाग लेता हूँ।

परिषद् में एक और रोमांचक अनुभव था, मेरी पहली हवाई यात्रा। परिषद् में हमें निस्स्वार्थ सामाजिक कार्य, प्रसिद्धि पराङ्मुखता, सादगी और मितव्ययिता के संस्कार भी प्राप्त होते हैं। मितव्ययिता के संस्कार के कारण हम महँगी यात्रा करना टालते हैं। उसी संस्कार का परिणाम था कि आयु के 43 वर्ष व परिषद् कार्य के 23 वर्ष पूरे करने के पश्चात् मुझे 1990 में प्रथम हवाई यात्रा करने का अवसर मिला जब एक बैठक हेतु मैं हैदराबाद गया।

(अभाविप की पत्रिका, राष्ट्रीय छात्र शक्ति, जून-जुलाई 2009)

□□□